管理職 1 年目に
知っておきたい

できる
教頭・副校長が
定めている
60のルール

中嶋郁雄

明治図書

はじめに

教室で子どもを指導する教師と、学校経営に関わる管理職とでは、職務が大きく異なります。管理職、とりわけ教頭、副校長になると、教育委員会に提出する書類の作成や、学校施設・設備の管理、備品や消耗品の取り扱いなど、教諭時代には全くと言っていいほど縁のなかった仕事が、次から次へと押し寄せてきます。それに加えて、子どものトラブル対応や保護者対応、そして、職員のメンタルヘルス管理など、神経をすり減らすような仕事にも関わらなくてはなりません。忙しく過ぎ去っていく日々の中、管理職になりたての先生方の中には、戸惑い悩んでいる人が多いのではないでしょうか。仕事に悩んでいる時こそ、思考の転換が必要です。管理職の仕事の素晴らしさを感じ、やりがいに胸を膨らませるよう、前向きに捉える心の持ち方が必要です。

学校は、子どもを直接指導する教師だけでは成り立ちません。給食を作って下さる調理員さん、経理を担当して下さる事務員さん、環境整備をして下さる業務員さんなど、たくさんの人々が、学校教育を支えるために関わって下さっています。よく考えれば当たり前のことですが、子どもを直接指導する教諭時代には、それほど深く考えることはなかったと思います。管理職になってはじめて、学校を支えている様々な立場の人々の仕事内容や仕事にかける思いを強く理解することができるようになります。教諭だった時代とは異なる広い視野で、教育を考えることができる立場になったのです。自分自身が直接子どもを指導する場面は減りますが、子どもを直接指導する先生方が、意欲的に教育に取り組むことができるよう環境を整える仕事に携わることができます。職員に指導助言を行い、未来を担う若い教師を育てることができます。前向きで明るい職員室にするために、自ら働きかけることもできます。子どもの安全と健康を守るために、地域や保護者の力をはじめ様々な人々の力を集結することができます。学校を守り子どもを守り職員を守ることができるのは、他ならぬ管理職だけです。些細なことでも、何か困ったことがあれば、職員は管理職に相談したり助言を求めたりします。大きなトラブルが起きた時も、職員が最後に頼るところは管理職です。管理職は、職員に頼りにされる、誇りある光栄な仕事なのです。

管理職の仕事にやりがいを感じ、多忙な毎日を充実感を持って過ごすためには、あまたある仕事のやり方を少し工夫することが必要です。そして、どの仕事にも前向きに取り組む気持ちが大切です。小著では、管理職になれば誰もが経験するであろう場面を取り上げながら、どのような姿勢で取り組めば、やりがいと充実感を持って仕事をすることができるのかを考えてみました。

管理職として一歩を踏み出した皆さんに小著を、管理職のやりがいを見出し、管理職としての力量を高めるためのきっかけにして頂ければ、これほど光栄なことはありません。

令和元年10月

中嶋　郁雄

目次

はじめに　2

01　新採教員のつもりになれ……10
02　朝一番に出勤せよ……14
03　どんな時も5分前行動……18
04　返答・返信は、その日のうちに……21
05　単純作業を楽しめ……24
06　来客には足を使え……27
07　仕事は来た瞬間にスタートせよ……30
08　「縦の関係」に早く慣れよ……33
09　些細なことも報連相を怠るな……36
10　学校一のあいさつ上手になれ……39
column　仕事のやりがい……42

11 全ての職員に声をかけよ …… 44
12 頼まれなくても進んでやれ …… 47
13 退勤時刻を厳しく守れ …… 50
14 「根回し」名人になれ …… 53
15 誰からでも学ぶ姿勢を持て …… 56
16 電話は一番に取れ …… 59
17 とにかく「メモ魔」になれ …… 62
18 尋ねることを恥と思うな …… 65
19 部下を信じよ …… 68
20 悪口や陰口を言うな …… 71
column 頼りにされる「学校のお母さん」 …… 74
21 心地良い職員室を目指せ …… 76
22 頼まれごとは決して断るな …… 79
23 自分の仕事は後回し …… 82
24 「飲み会は仕事」と心得よ …… 85

25 注目度の大きさを自覚せよ …… 88
26 教育論は部下に譲れ …… 91
27 裏方役に徹する覚悟を持て …… 94
28 部下との距離を見誤るな …… 97
29 「目立ちたい」と出しゃばるな …… 100
30 同期と仕事を張り合うな …… 103
column ベテラン教師と会話しよう …… 106
31 食事に誘われる管理職を目指せ …… 108
32 教師であることを忘れるな …… 111
33 ほめ言葉を惜しむな …… 114
34 気分次第の行動を慎め …… 117
35 感情が高ぶったら一人になれ …… 120
36 休息も仕事である …… 123
37 業者は「広告塔」と心得よ …… 126
38 年上の人に節度ある対応を …… 129

39 失敗しても落ち込んでいる暇はない …… 132
40 本音は家族と親友にだけ話せ …… 135
column 「校長を助ける」とは …… 138
41 仕事は上手に「回せ」 …… 140
42 「できる」感を出すな …… 143
43 気軽に相談せよ …… 146
44 感謝の気持ちを表せ …… 149
45 所在をオープンにせよ …… 152
46 「近寄るな」オーラを出すな …… 155
47 「落としどころ」を探れ …… 158
48 相手の自尊心をくすぐれ …… 161
49 校長を嫌いになるな …… 164
50 できないことは、はっきり断れ …… 167
column とにかく体を動かす …… 170
51 怒りは絶対に顔に出すな …… 172

52 気まずい時は自分から関われ …… 175
53 部下の会話は情報の宝庫 …… 178
54 ムードメーカーになれ …… 181
55 笑いのある職員室を目指せ …… 184
56 プラスイメージで人を見よ …… 187
57 「自分が一番…」と考えるな …… 190
58 評価は周囲が決める …… 193
59 自分の意見を押し付けるな …… 196
60 部下の発想を広げよ …… 199
column 心を鬼にして叱る …… 202
おわりに 204

RULE 01

新採教員のつもりになれ

管理職の仕事は、直接子どもを指導してきた担任の仕事とは異なる。時には、「これが教師の仕事なのか？」と、疑問を感じることもあるかもしれない。管理職の仕事にやりがいを見出すためにも、新採教員のつもりで、謙虚に新しい仕事に取り組む姿勢が必要である。

▼素直で謙虚に

管理職の拝命と同時に、転勤するという人がほとんどではないでしょうか。経験のない新しい職種に就いたうえに、職場まで新しく変わり、その不安は尋常ではありません。どんなに能力が高い人でも、右も左も分からなくて当たり前です。

分からないことがあれば、勤務校に長く勤める教師に聞けばよいのです。隣にいる校長（教務主任）に「教えて下さい」と頼めば教えてくれます。**管理職になったからといって、何も気負う必要はありません。**ただ、仕事の役割が変わっただけで、自分の能力が高くなったわけでも、ましてや偉くなったわけでもないからです。分からないことがあれば素直に「分からない」と認め、「教えて下さい」と謙虚に尋ねる。**新採教員の頃の気持ちを思い出して、素直で謙虚な姿勢を保つ**ことが、管理職になっても必要な心構えです。

▼どの仕事も大切に思う心を

管理職になってまず驚かされるのは、自分が想像していたような上席としての扱いを、他の教師から受けることがないということです。形式的には「教頭先生」と言ってくれますが、電話を一番に取るのは事務職員か教頭、教頭が無理なら次は校長です。来校者が来た時も同じです。一般企業であれば、電話を取るのも、来客対応やコピー用紙の補充も、最も経験の少ない新入社員の仕事です。このような**一般企業で新入社員が行う仕事が、教師の世界では、管理職の仕事**になっています。

「こんな雑用のような仕事は、管理職である自分の仕事ではない」

と憤りたくなる気持ちは分かります。しかし、よく考えてみれば、教師は、他の職業の人たちが経験してきたはずの電話番やコピー用紙補充などの仕事を経験していません。**雑用と思えるような仕事をすることで、これまでとは異なる仕事の厳しさや、他の仕事を支えることの大切さを学ぶ**ことができるはずです。学校を牽引し教師集団を束ねる立場の者として、何よりも教育者として、様々な角度から人の気持ちや仕事の意義について考えられる視野を持つ必要があります。そのための試練と考えて、新採教員になったつもりで、どんな仕事にも、意義を見出して取り組む姿勢を作りましょう。

▼一から学ぶ姿勢を

管理職になる人は、これまで教師として培ってきた経験から、授業力や学級力には、相応の自信を持っているはずです。教師として子どもを指導してきた経験を生かして、管理職として他の教師を指導したいと考えている人は多いと思います。しかし、自身の教諭時代を振り返ってみれば分かるのですが、**多くの教師は、授業や学級経営など、日々の子どもの指導について、管理職を頼りにしたいとは考えていません。**

たとえ若い教師であったとしても、若いなりに自分の指導力には相応のプライドを持っています。管理職が頭ごなしに、自身の経験や指導技術をもとにして、助言や指導を行ったところで、相手にとって有難迷惑になってしまいます。

管理職として大切なことは、「子どもを指導するプロ」という意識を捨て去り、「教師をマネジメントする立場」であることを自覚することです。そのためには、**個々の教師の指導観や指導方法をよく観察し、教師一人ひとりを理解しようとする姿勢が必要**です。それは、新採教員が、子ども一人ひとりを理解しようと努めることと同じです。「私の方が指導力で勝っている」などと思っていては、教師をマネジメントすることなどできません。「先生方から一から学ばせて頂く」という心構えで他の教師と接することで、管理職という職務の重要性ややりがいが見えてくるはずです。

RULE 02

朝一番に出勤せよ

朝一番に出勤することで、学校の施設や設備の状態をいち早く把握することができる。そして、余裕を持って対処することで、的確な判断が可能になる。誰よりも早く出勤する。それだけで、心に余裕が生まれ、一日の好循環を生み出すことができる。

▼余裕がトラブルを防ぐ

子どもが活動する学校現場は、いつ何時、どのようなトラブルが起きないとも限りません。登校中にケガをした子の情報が飛び込んできたり、地域からの苦情が朝一番でやってきたりすることはよくあることです。トラブルが起きれば、管理職が中心になって対応しなくてはなりません。朝一番で出勤していれば、時間と気持ちに余裕が生まれ、どのようなトラブルが起こっても、相応の対応が可能になります。

学校を管理する者の責任を果たすために、重篤なトラブルに発展するのを防ぐために、朝は余裕を持って早く出勤するように努めましょう。

▼職員室を把握する

「教頭は職員の担任」などと言われます。最終的に、職員の健康状態や精神状態を管理するのは学校長の責任ですが、必要な業務の指示を出したり相談を受けたりして、職員と接する機会が多いのは教頭です。職員室で職員と接する機会が多く、物理的にも心理的にも近い距離にいる教頭職は、職員の健康状態や職員同士の関係を把握することが比較的容易にできる立場にあります。職員室の雰囲気を察知し、職員同士の関係や健康状態を把握するためには、個々の職員とつながっておくことが必要です。**朝一番に出勤することで、個々の職員の状態や人間関係を観察することが可能になります。**また、職員室に入ってきた職員と会話することで、全ての職員との関係を築くことができます。「職員室で出勤してくる職員を待つ」ことは、「教室で登校してくる子を待つ」のと同じく大変意義のあることなのです。

▼学校の「字引」になる

誰よりも早く出勤することで、一日の始まりから起きる些細な出来事やトラブルを全て掌握することが可能になります。職員に限らず、学校長や地域の人までが、**学校のことで分からないことがあると、教頭に尋ねるのが通例**です。場合によっては、「雑用係」「何でも屋」と自虐的に思ってしまう教頭という職ですが、学校のことならどんなに些細なことも把握しているからこそ、「分からないことがあれば教頭に」と頼りにされる存在になっているのです。

たとえ転勤したてでも、管理職になりたてでも、勤務する学校のシステムや施設設備、物品などをできる限り早く把握して、頼りにされる存在にならなくてはならないのが教頭職というものです。朝一番に出勤することが、学校を把握することにつながります。

▼責任を意識する

教頭が、毎日朝一番で誰よりも早く出勤して職員室に居るというだけで、他の職員は、安心して自分たちの職責に専念することができます。気軽に相談に乗ってくれ、何かあればすぐに対応してくれる、職員室に居て当たり前の存在が教頭というものです。いつも職員室に居るのが当たり前で、**普段は有難みを感じないけれど、居ないと途端に不自由に感じる「母親」のような存在**です。

「学校の母親」という責任を意識すれば、朝一番で出勤することの意味が理解できると思います。

RULE 03

どんな時も5分前行動

何をするにも、予定より5分早く開始する。会議や打ち合わせ場所には、必ず5分前に到着することを厳守する。わずか5分を大切にする意識が、仕事に対する意識を高め、周囲からの信頼を得ることにつながる。

▼相手意識を忘れるな

仕事には、必ず相手があります。管理職になれば、教育委員会の人や地域関係者が集まる会議への出席も多くなります。会議場に早めに行って待機している人と、開始時刻ぎりぎりに会場入りする人のどちらが良い印象を与える人かは、言うまでもありません。校長や教育委員会、地域の人よりも教頭が遅く会場入りするのは、一般的に考えて失礼に当たる行為です。5分前までに会場入りすることで、相手を待たせることはなくなります。**5分前行動は、相手に対する気遣いの表れ**でもあります。

▼5分前行動は危機管理

管理職の仕事は多忙を極めます。いつ何時、どんなトラブルの対応が必要になるか予測できません。仕事を早く開始することで批判されることは、まずありません。また、「能力不足」と思われることもありません。**仕事ができる人ほど、仕事の取り掛かりを意識して仕事を進めています。**早く取り掛かることで、早く終えることが可能になります。すると、検証し、修正する余裕が生まれます。周囲から様々な意見をもらうこともできます。また、いつ何時、緊急の仕事がやってきたとしても、早めに仕事を始めておくことで、余裕を持って急な仕事に対応することも可能になります。

良い仕事をしようと思えば、少しでも早く取り掛かる意識が必要になります。5分前行動の実践は、良い仕事ができる能力を育ててくれます。

▼仕事に取り組む姿勢を作る

そもそも、自分より目上の人に声をかけられて、「ちょっと待って下さい」「また後で」などと言えるかどうか、考えてみましょう。たとえば、あなたが教頭職の場合、校長先生に「ちょっと、こっちに来て」と言われて、「後にして下さい」とは言えないと思います。

そう考えると、集合時刻に遅れたり、相手を待たせたりする行為をしてしまったとすれば、相手は、あなたに対して良い印象を持つはずがありません。そのような甘い行為は、仕事人として、管理職という立場にある者として、許されるものではありません。

5分前行動を心がけることは、仕事に対して自身を厳しく律する姿勢を身に付けることにつながります。

RULE 04

返答・返信は、その日のうちに

職員からの相談や、教育委員会や地域からの質問などで、回答を求められる場合が多々ある。管理職になると、次々と仕事が舞い込んでくるので、返答や返信が後回しになってしまいがちだ。しかし、相手は早く回答をほしいと思っているはず。相談や質問には、最低でもその日のうちに対応するのが、誠実で真摯な姿勢である。

▼誠意を感じさせる対応を

他の仕事とは異なり、**職員からの報告や相談事は、対応の時期を逃しては意味がありません。**後で回答しようと考えていても、すでに問題が解決していて、聞いても無駄ということもあり得ます。時間が経ってしまっては、相談に乗ったり助言や指導をしたりしても意味がない場合が多々あります。翌日に対応しても、「時すでに遅し」で、相手からは「結局、真剣に考えてはくれない管理職」と、レッテルを貼られてしまう恐れもあります。そのようなことが続くと、「あの管理職に相談しても仕方がない」「結局、何の対応もしてくれない」と思われてしまいます。

職員が相談にきたときは、何をおいても一緒に考える姿勢を示すことが、誠意ある管理職ということになるのです。

▼「できる」と思わせる仕事を

人には得意不得意がありますが、質問や相談に素早く対応することは、誰にだってできることです。たとえば、「会議で集まる日時を調整するので、都合の悪い日時を回答してほしい」という依頼がきたとします。手帳を見て日程調整表に書き込み、メールで返信するのに、10分もあれば十分でしょう。それをすぐに行う人と、「いつでもやれる」と、後回しにする人に分かれます。どちらの人が、周囲から「仕事のできる人」と思われ信頼を得ることができるのかは、言うまでもありません。**同じ仕事をするなら、「できる」と思われる仕事の仕方を心がけるべき**でしょう。

▼相手の立場に立つ訓練を

インターネットで注文した商品が、長い時間経っても送られてこず、相手からの返信もないと、「騙されてはいないか」と、不信感を抱くでしょう。仕事のことであれば、騙されたと思うことはありませんが、「すぐに返答があるだろう」と思って頼んだ仕事が翌日になっても返ってこないと、「忘れられているのだろうか」と不安になってしまいます。不安を感じなくても、「真剣に考えてくれていない」「軽く見られている」と、良い印象を与えることはありません。

返答・返信をできる限り早くすることは、相手の気持ちを思いやる気持ちを育てていくことになり、それは、管理職として必要な資質を磨くことになるのです。

RULE 05

単純作業を楽しめ

直接子どもを指導していた教諭時代とは異なり、管理職、特に教頭の仕事の中には「これが教師の仕事？」と首をかしげたくなるものが多々ある。

しかし、学校の裏方として職員を支えるのが管理職の重要な仕事である。同じ仕事をするのなら、「雑用」「単純作業」とも受け取れる仕事にやりがいを見つける姿勢を作らなくてはならない。

▼どんな仕事も前向きに

管理職になって驚かされるのは、施設関係の仕事や教育委員会への提出書類の作成、備品や消耗品の管理など、到底、教師の仕事とはかけ離れた仕事が、次々とやってくることです。管理職になった人のほとんどが、教諭として長年子ども達と直接関わってきたと思います。子どもを指導していた教諭時代とは異なり、管理職の仕事は渉外や事務、会計や施設管理など、時には、「これが教師の仕事か?」と、憤慨し悩むことも多くなります。

同じ仕事をするのであれば、**「雑用」「単純作業」の中にやりがいを見つけ、前向きに仕事をする**ことが必要です。

▼雑務の重要性を理解する

庶務と聞くと、「雑務か」とばかにする人もいるでしょう。しかし、歯車が一つ欠けただけで時計が役割を果たさなくなるように、派手ではないけれど誰かが縁の下の力持ちの役割をしなくては、学校はうまく回りません。施設設備で不備があれば、職員は必ず管理職に報告し相談します。その時、不良箇所が、大体どのような状態なのかを把握済みで、補修のために必要な手段を的確に判断することができ、すぐに対応するような管理職と、「そんなものは管理職の仕事ではない」と、全く当てにならない管理職とでは、どちらが学校を守り、子どもの教育に真剣に取り組む教師かは言うまでもありません。

▼「見えないもの」に気づく力を

学校運営に関わるようになると、一歩引いた立場で学校全体を見渡すことができるようになります。それまで気づかなかったような施設や設備の弱点や、担任とは異なる視点から見える子どもの様子など、教諭時代とは異なった見方ができるようになります。子どもと直接関わる機会は少ないけれど、**学校という組織が、様々な人々にどのように支えられているのかを、具体的な経験を通して実感できる**ようになります。だからこそ、どのような仕事であっても、軽視したり敬遠したりすることが大きな誤りであることを理解できるのです。

もし、仕事をする中で、「なぜ、こんな仕事を管理職の自分が」と不満に思うことがあるとすれば、それは、まだまだ管理職という仕事に全力で向き合っていないのだと、反省しなくてはなりません。

RULE 06

来客には足を使え

管理職になって最初の頃は、予想以上に来客が多いことに驚くことだろう。来客は、保護者や教育委員会、地域の人々や業者など、様々である。来客によって、ぞんざいな態度をとることのないよう、誰が来ようとも、必ず立ち上がって迎え入れるようにしよう。

▼人間性を見られている

教育委員会や地域の人が来校すれば、教頭は、立ち上がって迎え入れ、校長に連絡すると思います。ところが、見知らぬ人に対しては、ろくにあいさつもしないで、事務員に対応を任せてパソコンや資料に目を通したままという人がいます。人によって、あからさまに異なる対応をするのは、人間性を疑われることになります。地域の人や教育委員会に対するのと、顔なじみでない人に対するのとでは、接し方が異なるのは当然ですが、**重要な人ではないからといって無視したり軽んじたりするような態度をとるのは、人として間違っています。**管理職は、来客や勤務先の職員など、多くの人から見られています。若い教師の手本となる立場にある者として、恥じることのない行いを心がけましょう。

▼見送り方で心遣いを

用事が終わったからといって、校長の見送りもなしに帰ってもらうのは、相手に対して失礼にあたります。地域の人や教育委員会関係の人を見送る際は、校長に一声かけて玄関まで見送るようにしましょう。校長が見送ることは、来客を尊重することになります。

また、研修などの講師を見送る際は、「講師の先生がお帰りになります」と、最後に職員室に声をかけ、職員全員でお礼を伝えるように導きましょう。**ちょっとした気遣いが、相手に好印象を与えることになり、それは、勤務校に対する評価にもつながります。**

▼「手助けしたい」と思わせる関係作りを

教師に対して、丁寧でへりくだるように接してくる人も、私たちと同じく、感情を持った人間であることを忘れてはいけません。軽んじるような言葉や不遜な態度をとられて、気分を害さない人はいません。反対に、いつも丁寧で礼節を持って接する人には、良い印象を持ちます。

人のネットワークは、私たちの想像をはるかに超えるほど強力です。私たち教師以上に、多くの学校の状況や教師の情報を知っている人もいると考えなくてはなりません。早急に仕事をお願いしなくてはならない場合や、緊急に何か助けてもらわなくてはならない場合も出てきます。いざという時、「あの人だから助けたい」と思われる関係を築いておくことが必要です。

RULE 07

仕事は来た瞬間にスタートせよ

管理職の仕事で重要なことは、仕事の早さである。特に、依頼された仕事や期限のある仕事は、できる限り早くやるに越したことはない。じっくり考えて準備してからスタートするのではなく、とにかく迅速なスタートを心がけるべきである。

▼安心と信頼を得る

頼まれ仕事が舞い込んできたら、とにかく行動開始です。たとえ設備の補修や教具の補充などに必要なものがなくて作業ができなくても、現場を見に行ったり、カタログを調べたりすることは、すぐにでもできるはずです。**頼まれたことに素早く対応する姿を見せれば、相手は、「本気でやってくれるのだ」「こんなに早くやってくれるのだ」という安心感と、という信頼感を持ってくれる**はずです。反対に、仕事を頼んでから、三日経っても動かなければ、相手は、「いつになったら、やってくれるの？」と不満を持ちます。たとえ仕事を終えても、時間を置いてしまえば、「やっと？　遅いわよ」となってしまい、相手に感謝の気持ちは生まれません。仕事の中でも、特に、相談事や頼まれた仕事に対しては、素早く何らかの行動を起こすことが大切です。

▼とにかく取り掛かる習慣を

職員からの依頼仕事や提出期限がある事務仕事はもちろんのこと、どのような仕事がきても、その瞬間から着手する習慣をつけましょう。もしも、途中で他の仕事が舞い込んできたら、素早く優先順位をつけ、その時やっている仕事を続けるか、その仕事は一時切り上げて新しい仕事に着手するのかを決めてしまいます。

提出期限まで余裕のある仕事や、差し当たって期限のない仕事などは、「また、後でやれば良い」と、そのままにしてしまいがちです。しかし、そのままうっかり忘れてしまい、後になって大慌てしてしまう危険があります。**仕事がやってきたら、とにかく手をつけておくことで、忘れる心配はほとんどなくなります。**「仕事は溜めない」が大原則ですから、そのためにも、仕事が来たら、とにかく取り掛かるようにしましょう。

▼すぐに仕事モードになるために

管理職になると、その日の予定確認や、郵便物の整理、家庭や職員からやってくる連絡の対応など、職場に入った瞬間から、やらなくてはならない仕事が待っています。「まずは、お茶を一杯」などと、ゆっくりしている暇はありません。次から次へと仕事がやってきて、結局、予定していた仕事が後回しになってしまうことも度々です。貴重な時間を大切に使うために、通勤の電車や自動車の中で、気分を徐々に仕事モードに切り替え、職場に着いたらすぐに仕事に取り掛かることができるようにしましょう。

RULE 08

「縦の関係」に早く慣れよ

教員の世界は、校長・教頭が鍋のつまみで、その下に各教員が横並びに位置する「なべ蓋組織」と言われる。管理職になると「縦の関係」を意識せざるを得なくなる。長年、同僚と対等の立場で仕事をしてきた意識を転換することが、管理職になった者の務めである。

▼上席との信頼関係を築く

学校教育法で、「教頭は、校長を助け……（第三十七条第七項）」と定められている通り、管理職になると、かなり厳しい「縦関係」を意識せざるを得なくなります。学校経営を行ううえで、全ての決定権は学校長にあるということは、裏を返せば、教頭には何も決定することができないということです。教頭の考え方と校長の考え方が異なる場合、教頭の意見が学校経営に反映されることはありません。自身の考えを押し殺して、上席の意向に沿わなくてはならないもどかしさは、実際に教頭職を経験している方であれば、十二分に理解できると思います。しかし、**補佐の仕方によっては、自分の意見を反映させることは可能**です。日頃から、校長とのコミュニケーションを図り、良好な関係作りを心がけることで、校長からの信頼を得る努力を続けましょう。

▼気遣い上手になる

教師が最も不得意なことの一つが、「報連相」（報告・連絡・相談）です。とりわけ教頭職は、校長の意向をこまめに確認することが良好な関係を築くのに欠かせません。たとえば、来客があれば必ず学校長を通す。職員からの相談や些細なトラブルの報告を怠らない。些細な事案での決裁や職員への指示は、必ず校長に報告し事後決裁をとっておく……。決して、上席に媚びよというわけではありません。自身の考えがあれば、堂々と具申することが大切です。そのためにも、上席との人間関係を円滑にしておく必要があります。

私の教頭時代には、職員が相談や指示を仰ぎにやってきた際、隣に校長が座っている場合には、職員に対して指示や決裁を下したりする時に必ず

「校長先生、それでよろしいでしょうか」

と、確認することを怠りませんでした。

相手の気持ちを慮り、「こうすれば相手の気分が良くなる」「こうすることが、上席を立てること」と、考えて行動することで、上席から認められ、上席との人間関係を築き、結果として自身の意見を学校経営に反映させることにつながります。

RULE 09

些細なことも報連相を怠るな

管理職、特に教頭には、学校で起きる様々な情報が集まってくる。児童や保護者のトラブル、職員の健康状態はもちろん、照明器具の状態やコピー用紙の残数など、施設・設備や備品・消耗品の細かなことまで把握することができる。そして、知り得た情報は、校長と共有しておく必要がある。

▼管理職は「同一視」されている

教頭と校長は、職員からは同じ「管理職」という立場で見られています。つまり、教頭に報告・相談したことは、当然校長にも知ってもらっていると認識しています。校長と教頭、どちらも知ってくれていると思っていたのに話が通っていないということがあれば、職員から不信感を持たれかねません。相談事やトラブルがあった時、どちらに報告すれば良いのか悩ませてしまうことにもなります。

教頭か校長のどちらかに相談や報告をすれば、組織として周知され、対応可能という状態にすることが重要です。些細と思われることでも、知り得た情報は必ず管理職同士で共有するよう心がけましょう。

▼責任者の立場に配慮する

学校経営方針や児童生徒の指導に対して、学校長は責任を負っています。学校で何かトラブルが起きれば、最終的に責任を負うのは学校長です。最終責任を果たすために、校長は様々な情報に通じておかなくてはなりません。いざという時、「知らなかった」では通用しません。しかし、対外的な仕事の多い校長には、思った以上に情報が集まりません。だからこそ、**最も情報が集まり実務に通じている教頭の助けが必要不可欠**です。どんなに些細と思われることでも校長に報告することが、校長からの信頼を得ることになり、場合によっては自分自身を守ることにもなります。

▼情報が飛び交う職場に

活動的で自己主張のかたまりのような子ども達が集まる学校では、どのクラスでも、毎日必ず些細なトラブルが生じます。ほんの些細なトラブルであっても、教師の対応の仕方によっては、重篤な事案に発展する危険性があります。大きなトラブルに発展してしまった事案の中には、初期対応をもっと丁寧にやっていたら、大きな問題にはならなかったというものがたくさんあります。

子どものトラブルも保護者対応も、初期対応が8〜9割の比重を占めると言っても過言ではありません。的確な初期対応をとるためには、些細な問題を出し合うことのできる職場である必要があります。「報連相」の飛び交う職場作りを進めるのも、管理職の大切な仕事です。

RULE 10

学校一のあいさつ上手になれ

あいさつは、人間関係の基本。児童生徒に「あいさつをせよ」と指導する立場にある教師は、自ら進んであいさつできなくてはならない。教師を指導する立場にある管理職は、児童生徒はもちろん、教員の手本となって、学校一のあいさつ上手を目指さなくてはならない。

▼学校の手本になる

「あいさつは、自分のためにするもの」と、考えるようにしましょう。**「目下の者から先にあいさつをするべきだ」とか、「あいさつが返ってくるのを期待する」という考え方をやめてしまう**のです。あいさつをすれば、自分が心地良くなり、自分が得をするのです。このように考え方を変え、年齢や立場に関係なくあいさつをしていくと、不思議なもので、相手からあいさつが返ってくるようになります。

職員や児童生徒があいさつをしないのは、実は、管理職の自分自身が、進んであいさつをしていないことが原因である場合が多々あります。「あいさつが飛び交う学校」にしたいと思えば、管理職が率先してあいさつをすることが、他の何ものにも勝る方法です。

▼率先すると一石二鳥

管理職に対してあいさつを返さない教員がいても、決して腹を立ててはいけません。つとめて笑顔を作り、目を合わせて再度あいさつするようにします。相手は、あいさつを返すだけでなく、自分から先にあいさつをしなければならなかったと反省するはずです。最初は気づかなくても、「教師なら率先してあいさつするのが当然」と、そのうち必ずあいさつをするように変わります。自分から率先してあいさつすることで、気分良く一日をスタートすることが可能になります。それに加えて、相手に反省をうながすこともできて、まさに一石二鳥です。

▼あいさつの意義を忘れずに

管理職は、常に平静を保ち、表向き泰然と構えていることで、部下を安心させなくてはなりません。**管理職である以上、憤りを表情や行動に表してはいけません。**自身の腹立たしさを相手にぶつけたり、あいさつをするように指導したりしても、お互いに気分が悪くなるだけです。人間関係を円滑にするという、あいさつ本来の目的が損なわれてしまいます。

憤りの感情を抑えて気持ちに余裕を持ち、明るく笑顔で、肩でも叩きながら

「おはよう。あいさつすると元気が出るよ」

と、伝えれば、管理職として十分役割を果たしていると考えましょう。

column

仕事のやりがい

私が教頭職を拝命した時、学校長から言われた言葉が、

「管理職は、これまでとは全く異なる仕事をしなくてはならない。早く担任気分から抜け出すように」

というものでした。果たして、一週間も教頭の仕事をやってみると、その言葉を身に染みて実感することになりました。施設関係の仕事や教育委員会への提出書類、地域の人との関わり方など、「これって、教師の仕事か？」と思えるような仕事がどんどん舞い込んできます。特に、教頭職は、子どもとの関わりが少ない職務です。ひと月もすると、「こんなことのために教師になったんじゃない」と、音を上げそうになりました。

そんな時、若い頃お世話になった先輩の先生（当時は、すでに校長職に就いていた）に

次のように叱咤されました。

「そう思うなら、管理職試験を受けるべきではなかった。今更、不平不満を言ったところで、傍から聞いていると、負け犬の遠吠えに過ぎないよ」

頭をハンマーで殴られたような気がしました。

どのような事情があるにせよ、管理職という道を選んだのは他ならぬ自分自身です。そうであるなら、不平不満を持って仕事をするより、与えられた仕事の中に、楽しみややりがいを見つけながら日々を過ごさなければなりません。一日のうち、「よくやった」「楽しい」と、思えるように、何か一つだけでも見つける努力を続けたいものです。

RULE 11

全ての職員に声をかけよ

自分がどのように評価されているか、自分をちゃんと見てくれているか、気にかけない人はいない。声をかける職員に偏りができると、管理職に不満を抱く職員が必ず現れると考えなくてはならない。管理職は、偏りなく全ての職員に声をかけることが大切である。

▼声をかけてほしいと願っている

素直な向上心のある教師は、年齢にかかわらず、管理職から指導してもらうことを欲しています。管理職に声をかけてもらったり、指導してもらったりすることを願っています。教師の中には、一見すると不愛想で声をかけづらい教師も少なからずいます。子どもを教える「職人」として、教師にはプライドが高い人が多いためです。しかし、そのような教師でも、**自分を評価してほしいという気持ちは強く、実は管理職に声をかけられることを欲しています。**

クラスの子の誰もが、担任教師に声をかけてもらいたいと考えているのと同じで、教師も管理職に声をかけてほしいと思っていると考えましょう。最低でも一日に一度は全ての職員と会話をするように心がける必要があります。

▼管理職からコミュニケーションを

職員の中には、管理職に対してかなり批判的な人もいます。気をつけないと、確執ができてしまい、ことあるごとに批判されることになりかねません。そうならないために大切なのは、毎日のコミュニケーションの積み重ねです。会話が多ければそれだけ、人間関係も深まります。会話をする機会を増やすことで、互いに理解し合えるようになります。**コミュニケーションの機会は、管理職から**作らなくてはなりません。

▼公平・公正を保つために

組織を束ねる管理職には、ことさら、公平・公正に職員に接することが求められます。子どもに最も嫌われる教師は「ひいき」する教師です。このことは子どもに限ったことではなく、大人でも「ひいき」する人間を好きな人はいません。職員も子どもも同じ人です。子どもが担任教師に認められたいと思うように、職員も管理職に認められたいと思っています。

ですから、「この人は苦手だ」と思ってしまうと、自然に接触が少なくなり、その人の良さを見つけることも、認めることもできなくなってしまいます。その結果、相手に「自分を正当に評価してくれない」と思わせてしまい、「ひいきする管理職」というレッテルを貼られてしまいます。担任時代の学級経営と同じで、まずは、**どの職員に対しても苦手意識を持たないように努力する**ことが重要です。

RULE 12

頼まれなくても進んでやれ

学校運営を円滑に行うにあたって肝になるのが、「いかに職員が働きやすい環境を作るか」ということである。頼まれてからやるのではなく、相手の立場に立ち、どうすれば相手に喜ばれるかを考えて仕事に取り組んでみよう。

▼「相手のため」は「自分のため」

「働きやすい環境」の条件の一つとして、職員が学級経営や授業に専念できる環境であることが挙げられます。たとえば、授業用のプリントをコピーしている最中に、コピー用紙がなくなり、補充しなくてはならないというだけでも、仕事が滞ります。朝の授業前準備中には、わずかな時間であっても、電話対応が負担に思えます。このような雑多な仕事は、軽視されがちですが、効率的に気持ち良く仕事をするために、とても重要なものです。誰に頼まれるわけでもなく、感謝されるわけでもありませんが、**このような仕事ができることこそ、管理職の大切な資質を向上させるもの**ではないでしょうか。

管理職の仕事は忙しいとはいえ、時間の使い方に自由がきく立場です。時間割に制限される立場にある職員を少しでもサポートすることが、巡り巡って、円滑な学校運営につながると考えましょう。

▼職員に安心感を与える

電話番、印刷室の準備やちょっとした修理などは、職員からすると、誰かにすぐにでもやってもらいたいというものばかりです。職員自らやればいいのですが、教室で子どもを待たせている手前、そういうわけにもいきません。頼りになるのは、事務員さんや用務員さん、管理職という学校がほとんどです。

雑用に思われるような仕事に対して、「そのような仕事は、管理職の仕事ではない」と、考えているとすれば、それは大きな間違いです。そのような管理職の下では、職員は安心して仕事に専念することはできません。配布物のチェックや事務手続きなど、些細な相談事や質問などを気軽に相談しづらくなってしまいます。気を遣って、話しかけることさえおっくうになってしまいます。

気軽に声をかけることができないようでは、本当に大切なことを相談したり報告したりするのにも、躊躇してしまいます。**管理職には、教員の助けになる仕事を、どのような仕事でも進んで行うフットワークが大切**です。

RULE 13

退勤時刻を厳しく守れ

時間に無頓着に仕事を続けると、効率を落とし、仕事の質にまで悪影響を及ぼす。定刻の17時までに仕事をやり終え、できる限り早く退勤するという気概を持って仕事に取り組みたいものである。「働き方改革」は、管理職が率先して推進しなくてはならない。

▼時間制限で能力アップ

勤務する学校によりますが、管理職、特に教頭が定刻に帰宅できることは、まずあり得ません。しかし、たとえ定刻には帰宅することができなくても、「せめて18時には、その日の仕事に決着をつけるようにしよう」という意識で仕事に取り組まなくてはなりません。**自ら時間の制限を課して、やれる時に集中して仕事を進めていく意識と能力を高める**ことが大切です。管理職の仕事は、計画的に進めることはできませんが、限られた時間内で仕事を終えようという意識が、わずか3分間をどのように使いこなすかという、超短時間の計画を実行する習慣につながります。よほどのトラブルが起きない限りは、自分で設定した退勤時刻に帰宅できるようにしていきましょう。

▼事務仕事は計画を守る

提出書類や金銭会計など、時間のめどがつく仕事は、できる限り早く終えるように計画して進めましょう。今は、パソコンでデータを一時的に保存できるので、途中で中断してもすぐに再開することが可能です。たとえ3分間でも、少しずつ仕事を進めることができるので、計画した時間内に終えることが容易です。このような事務的な仕事は、必ず計画通りにやり終えるように努めましょう。

▼「働き方改革」の範を示す

夜遅くまで仕事をしていて、いつまでも明かりが消えない「提灯学校」と言われる学校が、全国には少なからず存在します。夜遅くまで電気が灯り、20時、21時は当たり前、遅い時には、日をまたいでしまう学校もあるほどです。一度家に帰って食事や入浴をした後、再び学校に戻って仕事をする教師もいると、知り合いの校長が言っていました。いくら忙しいとはいえ、毎日遅くまで仕事をしていては、心身ともに参ってしまいます。

職員のメンタルヘルスのマネジメントは、管理職の重要な仕事です。重大なトラブルが起こり、保護者対応や生徒指導など特別な事情がない限り、たとえ強制的と受け取られたとしても、「遅くても20時まで」と、勤務時間を区切るように指導する必要があります。**職員の帰宅時刻が遅いのは、管理職自身の働き方の姿勢、時間の管理やメンタルヘルスの管理に問題がある**と考えましょう。効率的な時間の使い方を職員に示すためにも、自ら率先して退勤時間を守るように努力しましょう。

RULE 14

「根回し」名人になれ

管理職だからといって、職員の気持ちを無視して進んでは、どんなに素晴らしい構想も、絵に描いた餅になってしまう。学校経営の構想や計画を実際に形にし実効性を高めるためには、職員の理解と協力が必要不可欠である。

▼「教師としての思い」を伝える

多くの管理職が、もとは子どもの前に立ち指導してきた教師です。「こんな学校にしたい」「こんなことをやりたい」という思いが、教師として子どもの成長を願うものであれば、その気持ちは必ず多くの職員に伝わるはずです。たとえば、研究大会を開きたいとか、新たに学校行事を作りたいといった構想を実現するためには、日頃から「あの人は、子どものためを考える管理職だ」と、職員に思ってもらえているか否かが大切になります。もちろん、中には管理職の思いを受け入れられない教師もいます。しかし、教師としての志とプライドのある人がたくさんいるので、**日頃から教育や子どもに対する姿勢を伝えていれば、多くの職員の共感と理解を得ることができ、**それが何か行動を起こす時の大きな力になるはずです。

▼「肝」になる教師と良好に

教務主任や研究主任、地域や保護者との結びつきが強い教師など、職員をまとめるリーダー的な立場にある人とのコミュニケーションをしっかりとっておく必要があります。これらの教師は、自信とプライドを持っています。管理職だからといって、上から目線で接すると、「たかが教頭、校長」と、反発心を持たれてしまいます。決しておもねる必要はありませんが、日々の様子をよく観察して声かけを頻繁に行い、認めるべきところをしっかり認めることを続けていくと、こちらを理解し認めるようになっていきます。**職員の中心となる教師との良好な関係は、学校運営の「肝」と言っても過言ではありません。**

▼「癒し系教師」を重視する

取り立てて授業力や指導力が突出しているわけでなく、会議で主だった意見を出すわけでもないけれど、少し疲れた時やホッとしたい時に話しかけやすい「癒し系」の教師がいます。（いざという時に頼りにはなりにくいかもしれませんが、）実は、このような「癒し系教師」は、職員室の空気を変える力を持っています。**人をホッとさせたり癒したりできる教師には、管理職や他の職員に対する批判や愚痴などが集まってきます。**「癒し系教師」との関係を良好にすることで、管理職への批判が広がるのを防いでくれたり、逆にフォローしてくれたりします。「毒にも薬にもならない」と、軽視することのないよう、どの職員とも良好な関係を保つことが、管理職として必要な資質です。

RULE 15

誰からでも学ぶ姿勢を持て

管理職の役割を果たすためには、様々な立場の人の仕事内容や思いを理解できなくてはならない。そのためにも、誰からでも学ぶべきことがあるという姿勢を持たなくてはならない。

▼謙虚な姿勢で仕事をする

人から学ぶ姿勢がないというのは、「自分を大きく見せたい」「他人から、できる人間と見られたい」という、不遜な気持ちがあるからに他なりません。そのため、他の誰かの仕事を認めることができず、時に妬んだり必要以上に批判したりする人がいます。**他の人を認められないことは、自分の成長にとって必要で大切な学びを拒絶すること**です。他の人の良いところを素直に認める気持ちのある人は、様々な場面で、自分の能力アップのためのスキルを吸収する機会に恵まれます。「人の良いところを認め、そこから学ぶ」という謙虚な姿勢を、いつまでも保ち続けることのできる人が、将来大きく伸びる人と言って間違いありません。反対に、「あの人から学ぶことはない」などと考えている人は、不遜で偉ぶる考えが態度に表れて、周囲から不信を買い、有益な情報からどんどん遠ざかってしまいます。特に管理職という立場であれば、「あの程度で、よく管理職になれたね」と、軽視されることになります。たとえ相手が新任であっても、「素晴らしいところ、学ぶべきところはある」と、謙虚で誠実な姿勢を保つことが、仕事の能力はもちろん、管理職としての懐の深さも伸ばすことになります。

▼学ぶ姿勢は能力アップ

誰からも学ぶ姿勢は、最も効率的に仕事を進めるための資質とも言えます。たとえば、事務的な手続きや資料作成にあたって必要な専門的な知識などは、一から自分で調べるよりも、熟知している人に聞く方が、確実で効率的です。無駄に労力と時間をかける手間を省くことができます。

加えて、その仕事を効率的に覚えることができるため、仕事の能力アップにもつながります。長年の間蓄積されてきた知識や技能を、自分だけの力で獲得することは、時間と労力を必要とします。管理職は多忙ですから、効率的に仕事を進める術が必要です。苦労して自分の力でやることは、時としてもちろん必要なことですし、無駄なことではありません。しかし、場合によっては**その道の専門家に尋ねるだけで、知らなかった知識や技能を、短時間で獲得することが可能**になります。

RULE 16

電話は一番に取れ

学校現場では、「電話番」は、事務員または教頭の仕事である。教頭になってはじめて、一般企業では若手が担う仕事を経験することになる。電話番を重視するか軽視するかで、管理職としての心構えが大きく異なる。

▼電話番は情報の宝庫

児童の欠席連絡や保護者からの苦情、地域からの伝達事項など、電話で直接話をすることで、様々な情報が入ってきます。実際に、私が教頭職を務めていた頃は、常に一番に電話に出ることに努めていたため、地域の方や保護者、業者や教育委員会など、様々な人とのコミュニケーションをとることができました。また、どのクラスがどのような状況にあるとか、子どものトラブルや健康状態、配慮を要する保護者などを、ほぼ把握することができました。誰から尋ねられても、大概のことは回答することができました。校長職になり、電話を取る仕事から一歩引いてしまった現在、多くの情報から遮断されてしまったような寂しさを感じることがあります。それくらい、**電話を取る仕事は、学校経営において有益な情報が集まる仕事**だと認識しています。

▼仕事にやりがいを見出す

管理職になると、子どもを直接指導する立場から離れて、学校の総務や庶務を担うことになります。電話番もその一つで、見方によっては「誰にでもできる仕事」のように思われがちです。そのため、「なぜ、こんな仕事を、教頭の私が？」と、気持ちが落ち込む時もあるかもしれません。しかし、繰り返しになりますが、歯車が一つ欠けただけで時計が役割を果たさなくなるように、派手ではないけれど誰かが縁の下の力持ちの役割をしなくては、学校はうまく回りません。授業準備で忙しい休み時間に、電話対応をしてくれる管理職と、自分の仕事ではないと電話に出ない管理職とでは、どちらが自分の仕事に責任と誇りを持って働いている管理職なのかは、言うまでもありません。同じ仕事をするのであれば、「電話を取るのも大切な仕事」と、やりがいと誇りを持って仕事をするように心がけましょう。

▼管理職としての姿勢を作る

子どもと直接関わる機会は少ないけれど、学校という組織が、様々な人々にどのように支えられているのかを、電話番を通して実感できるようになります。**雑務と思われる仕事をどう捉えるかで、仕事に対する姿勢が表れます。**電話番という仕事を、軽視したり敬遠したりすることが、大きな誤りであることを理解しなくてはなりません。もし、「なぜ、電話番のような仕事を管理職の自分が」と不満に思うことがあるとすれば、それは、まだまだ管理職という仕事に全力で向き合っていないのだと、自戒する必要があります。

RULE 17

とにかく「メモ魔」になれ

怒涛のように次から次へとやってくる仕事に対応しているうちに、やらなくてはならない仕事をうっかり忘れてしまう危険がある。中には「うっかり」では済まされない重要な仕事も多いため、取りこぼしのないように、細かくメモを残しておくことが重要である。

▼仕事がやってきたら、メモを残す

次から次へとやってくる仕事への対応で、他の仕事をすっかり忘れてしまうのは、よくあることです。仕事がきたら、忘れないために、すぐに取り掛かるのが原則ですが、席を外さなくてはならなくなったり、他の仕事が立て込んでいたりして、後回しになることもよくあります。忘れてそのままになってしまい、気づけば人に迷惑をかけることになってしまっていたということも起こり得ます。

忘れないためには、まず、付箋紙やメモ用紙に、仕事内容と期日を簡単に書いて、机上の目立つところに貼っておきます。完成までに時間がかかりそうな仕事は、予定表にも書き記しておくと確実です。終了していない仕事は、とにかくメモを残しておき、絶対に忘れないようにしなくてはなりません。**「自分はすぐに忘れてしまう」ということを前提に**して、やらなくてはならない仕事は必ずメモを書いて残す習慣をつけましょう。

▼退勤前に、メモして帰る

一日の仕事を終えて退勤する前に、次の日の予定を確認しておきましょう。一日を振り返り、終わった仕事の確認をしたり、やり残している仕事の進み具合を確かめたりするようにします。時には、やり忘れていた仕事を思い出すこともあるでしょう。次の日に先延ばしできる仕事であれば、メモ書きに印を付けて、明日やらなくてはならないことを、簡単にメモして退勤します。そうすることで、次の日の予定を確認して退勤することができ、出勤した時に、すぐに仕事に取り掛かることもできます。**退勤前の3分間を、その日にやり残した仕事や、次の日の予定をメモする時間にあてる**ようにしましょう。

▼出勤したらメモを見る

前日の退勤前、仕事モードの頭で書かれているメモがあれば、職場に着いて、何をすれば良いのかが分かり、すぐに仕事に取り掛かることが可能になります。メモを見ながら、朝一番の仕事は、それほど負担にならず、短時間にやり終えることのできるものから始めるように、計画しましょう。

RULE 18

尋ねることを恥と思うな

管理職になると、何となく偉くなったように勘違いする人がいる。偉ぶる意識は、「知っていて当然」「できて当然」という、不遜な意識を芽生えさせる。その不遜さが、不知を恥じて人から学ぶことを良しとしない態度を作ってしまう。そうなれば、仕事の効率が下がり管理職の資質を欠くことになる。

▼「教えて」と言わない方が恥

分からないことや知らないことがあることを、「恥ずかしい」と思う人がいます。そのため、他の誰かに尋ねるのを躊躇して、お門違いな間違いをしたり、期限に間に合わなかったりして仕事に支障をきたしてしまいます。「分からないから勉強する」と、子ども達に教えてきたはずです。管理職になったからといって、人に尋ねることは何ら恥ずかしいことではありません。尋ねることができないというのは、「自分を大きく見せたい」「他人から、できる人間と見られたい」という、不遜な気持ちがあるからに他なりません。

周囲は、「この人知らないな」と、分かっているものです。素直に「教えて」「分からない」と言えない管理職を、信頼する職員はいません。その滑稽な姿を陰で笑っていないとも限りません。実は、「分からないから教えて」と言えないその姿勢の方が、よほど恥ずかしいことなのだと心しましょう。

▼尋ねる管理職は頼れる管理職

長年の間蓄積されてきた知識や技能を、自分だけの力で獲得することは、時間と労力を必要とします。管理職は多忙ですから、効率的に仕事を進める術が必要です。苦労して自分の力でやることは、もちろん必要なことですし、無駄なことではありません。しかし、その道の専門家に尋ねることで、知らなかった知識や技能を、短時間で獲得することが可能になります。

どの相手に尋ねたとしても、「そんなことも知らないの？」と、人をばかにしたり、「何で教えなければならないの？」と、回答を拒絶したりする人はまずいません。反対に、尋ねてくれたことに喜びを感じる人の方が多いはずです。子どもに教える仕事をしている教師であればなおさらです。管理職に「頼ってもらえた」と、暗に自分が認められていることを喜ぶ人の方が多いはずです。

どんな些細なことであっても、どんどん尋ねていくことで、職員との信頼関係を強くすることも可能になります。

RULE 19

部下を信じよ

管理職の仕事は、いかに組織を動かすことができるかが重要。部下が動いてくれなければ、組織は機能しない。自分を頼りにしてくれる管理職の下で、部下はやりがいを持って働くことができる。部下を信じることのできる管理職でいよう。

▼やりがいのある職場作りを

「人の役に立っている」「組織に貢献している」「自分の仕事を認められている」と感じることができれば、誰もが、やりがいを感じ、意欲的に仕事に取り組むことができます。意欲の高い人が多い職場は、前向きで活気にあふれ、陰口などの陰湿な行為が起きない雰囲気になります。**職員室が明るく生き生きとしていなくては、学校を良くすることも子どもを成長させることもできません。**職員一人ひとりがやりがいを持って働くことのできる職場を作るのは、他ならぬ管理職の役目です。

職員の意欲ややりがいを高めるためには、たとえ自分でやった方が早さも質も勝ると分かっていても、「あなたにお願いしたい」「あなただからお願いできる」と、部下を信じて仕事を任せることが大切です。部下を頼りにすることで、自信を持たせ、能力をアップさせ、意欲を引き出し、職員室を明るく前向きにしていきましょう。

▼組織で動くことが重要

自分一人でやるのと、他の教師を巻き込んでやるのとでは、たとえ同じ結果に見えたとしても、組織運営という面で、雲泥の差があります。実際に子どもを動かすのは部下の教師です。子どもの指導や研究を直接行うのも部下の教師です。**部下である教師を上手に動かすことができて、はじめて組織のトップである管理職の役割を果たしたといえます。**部下を信じて部下が動きやすい環境を作ることが、管理職の役目です。

▼知恵を集める

たとえば、気象警報や火事などの急なトラブルが発生した時、子どもの様子や家庭事情、通学路など具体的な情報を把握しているのは、毎日子どもと直接関わっている教師です。特に、赴任して日が浅い管理職の場合、校区内の様子もよく分からないはずです。長年その学校に勤務している教師からの情報を頼りにしなくてはなりません。教頭は職員からの情報を整理して校長に進言し、校長は職員や教頭からの情報や意見をもとにしなければ、的確な最終判断を下すことはできません。

組織力でトラブルに対応するためにも、職員の力を信じること、日頃から職員とのコミュニケーションを大切にすることが、危機管理の基本です。

RULE 20

悪口や陰口を言うな

管理職は、全ての職員から見られている。些細な言動でも、一般の職員が行うのとは比べものにならない大きな影響力を持っている。人の悪口を言ったり陰口をたたいたりすれば、人格を疑われ、管理職の資質を疑われると心すべきであろう。

▼陰口は人格を疑わせる

会話の中に、他人に対する批判が多い人がいます。確かに、その人の言うことに一理あり、話題になっている人に不足もあるでしょう。「人の不幸は蜜の味」ならぬ「人のうわさは蜜の味」とでも言いましょうか、話題としては面白く、会話も盛り上がるように思われます。しかし、**人の批判や陰口のような話題が多い人を、心から信頼することはできない**はずです。それが管理職という立場にある人だったら、どうでしょう。勤務校の職員はもちろんのこと、「○○学校の教頭は」と、あちこちの学校に悪いうわさがあっという間に広がってしまいます。一教師が他の人を批判しているのとは異なり、管理職という立場は、それほど影響力のあるものだと、心しなくてはなりません。

▼プラス思考で考える訓練を

管理職の立場になると、職員の言動や、職員室の机上やロッカーの状態など、些細なことが気になり出します。また、自分自身が直接子どもに指導する機会が少なくなった反面、職員の指導法や授業、子どもに対する言葉遣いなどが気になってきます。職員の管理責任のプレッシャーから、管理的になる人もいるでしょう。しかし、何か気になることがある度に、指導的なことをすれば、たとえこちらが正論で、職員のためを思ってやっている指導も、「細かいことで口うるさい」「監視されているようだ」と、思われてしまいます。

もちろん、ここぞという時は、厳しく指導しなくてはなりません。しかし、**ある程度のことは、大らかに見てあげるくらいで丁度良いのです。**少々気が利かないのは大らかな証拠。整理整頓が行き届かないのは、子どもの指導に熱心で忙しいから……。少し角度を変えて、プラス方向で職員を評価するように努力することで、人を批判することも少なくなります。

▼人の批判は自分の不足

そもそも、自分よりも圧倒的に勝っている人や、気にもかけない人に対して、あからさまに批判したり陰口を言ったりすることはありません。妬みやライバル心が、相手に対する批判につながる場合がよくあります。「あの人を批判しているのは、自分に力が不足しているからだ」と、思うことができれば、自分を高める努力をすることも、相手を認めることもできるはずです。**人の良さに目を向け、自分の向上に生かそうという姿勢こそ、人の上に立つ管理職の大切な資質**です。

頼りにされる「学校のお母さん」

現在、私は学校長を拝命しています。今の職責についてから、教頭職だった頃を振り返ることがよくあります。

教頭には、施設や設備、備品や消耗品の管理という、捉え方によっては「雑務」的な仕事が日々舞い込んできます。職員への助言や指導などは、常に学校長よりも前に出ることを控えるように気を遣わなくてはなりません。集会や行事などでは、子ども達の前であいさつや言葉がけを行う機会は、めったにありませんでした。教育委員会や地域の方が来校されれば、駐車場や会場の準備をして、出迎えてお茶を出し、校長との話が終われば見送りをするのが仕事で、校長と来客との話の内容は、校長から伝えられない限り知ることはありませんでした。毎朝一番に出勤し、一番最後に退勤するのが教頭時代の生活でした。

そんな教頭時代でしたが、今から思えば、学校のことを、誰よりも知っていたと感じます。日頃、職員や児童、保護者から、様々な報告や相談を受けて行動するのが教頭職です。教頭職は、学校で起こっているほぼ全てのことを掌握して、対応することができる立場だと思います。

職員は教頭にどんなことでも報告し、相談しにやってきます。児童のトラブルや保護者対応で、よほど重篤化しない限り、日々、仕事をするうえで、職員が頼りにするのは校長ではなく教頭です。確かに、教頭は、最も忙しくて過酷な職なのかもしれません。しかし、誰よりも学校を掌握することができ、職員から頼りにされる、やりがいのある仕事でもあるのだと思います。

RULE 21

心地良い職員室を目指せ

情報交換が盛んに行われ、本音が飛び交う、明るく風通しの良い職員室にすることが、職員の意欲を高め、結果、子どもの学習意欲や学力の向上につながる。校長と職員、職員同士をつなぐ役割は教頭にしかできない。「学校の母親」として、心地良い職場作りに努めなくてはならない。

▼居心地の良い職員室作り

職員が互いに支え合う職場であれば、毎日楽しく意欲的に仕事に取り組むことができます。たとえ子どものトラブルや保護者対応に苦労しても、それらに立ち向かう気力も湧いてきます。反対に、職場の人間関係がぎくしゃくしてしまうと、自分本位で互いに非協力的な職場となり、どの職員も心身ともに参ってしまいます。それぞれの職員が持っている能力を引き出し、子どもにとって良い教育を行う学校にするためには、明るく元気で居心地の良い職員室でなければなりません。そのためには、人が困っていると感じたら、管理職である自分が進んで声をかけ、協力することが必要です。中には、同僚の手を借りることに抵抗がある職員もいます。**管理職という立場だからこそ、声をかけ手を差し伸べることが可能な場合も多々あります。**相手が協力を断らない限り、率先して行動するようにしましょう。管理職から手を差し伸べる姿勢が、職場に共助の優しい雰囲気を作り出します。

▼思いやりの雰囲気を

仕事に集中していても、周囲で何をしているか、その雰囲気を感じ取ることはできるものです。職員が何となく困っているのを感じたら、「どうしましたか？」と、声をかけるように心がけましょう。管理職が自分を気遣って声をかけてくれことを、嫌だと感じる職員はいません。「気遣いのある管理職」のもとで、安心して職場に来ることができる職員が増えていくはずです。職員の気持ちを慮り、場の雰囲気を感じ取って声かけをすることで、互いを思いやる職場作りを行いましょう。

▼安心感は管理職が作る

「あの人といると、何となくホッとする。元気が出てくる。」職場には、必ずそういう人がいます。管理職である自分も、そのような存在になるよう目指さなくてはなりません。管理職が、いつも難しい顔をしていると、それだけで職員室の雰囲気が重苦しくなり、職員室に入ることさえ躊躇するようになります。**人は、明るく元気をもらうことのできる場所に集まります。**出勤すると同時に、明るく笑顔で職員に接し、元気に声をかけるようにしましょう。教室で気分が悪くなることがあっても、保護者対応で悩むことがあっても、帰ってくると、ホッと安心する……。そんな職員室を作ることが、管理職の務めです。

RULE 22

頼まれごとは決して断るな

管理職には、多種多様な仕事が舞い込んでくる。その中には、取り立てて自分がやらなくても良い「頼まれ仕事」も多くある。思わず断りたくなる気持ちは分かるが、頼まれるには、相応の理由があると考えて、引き受けるべきだ。それが自身のキャリアアップにつながることにもなる。

▼頼られるのが管理職

学級担任が何らかのトラブルに対応しているのを見かけることがありますが、「何かあったのかな」と察知したら、情報を正しく把握するために、「どうしたの?」と声をかけ、暗に報告を求めるようにします。**管理職だからこそ、何かのトラブルが起きた時に、介入することができます。**情報を手に入れておくことで、「知らなかった」という事態を防ぐことができます。職員も、管理職に知っておいてもらえれば、いざという時に相談しやすくなります。

また、子どもがケガをしたり、ケンカをしたり、物を壊したりした時などは、できる限り現場に足を運び、状況を把握するようにしましょう。後で他の教師からの報告を聞くよりも、自分の目で見た方が、正確に事実確認することができ、担任への助言も的確に行えます。担任に任せておけば良いというスタンスではなく、どんどん自分から関わるように心がけましょう。

▼挑戦することが力量アップへの道

中には、「それはちょっと無理」と、そのまま相手に突き返したくなる仕事もあるでしょう。しかし、「断ること＝逃げること」と思われかねません。やってみて無理だったとしても、一旦は引き受けて挑戦することが大切です。たとえ難しいと思われる仕事であっても、引き受けてしまえば、最後までやらざるを得なくなります。**少々の無理が、自分の力を伸ばしてくれます。**誰からの依頼であっても、仕事がきたら断らない。自分の不得意分野であっても、少々無理だと感じても、引き受けることで、職員からの評価も上がり、自身の力量を上げることもできます。

▼「逃げ癖」をつけないために

仕事を断る人の言い訳に、「力がついてからにします」というものがあります。しかし、やらなければいつまで経っても力はつきません。「力は、挑戦しながら伸ばすもの」です。他の教師に任せて、トラブル対応から逃げていては、いつまで経っても対応力は身に付きません。一時の安楽のために責任逃れをしてしまうと、それが癖になって、逃げ癖がついてしまいます。**ほんの些細な言い逃れは、管理職の責任放棄とも思われる「逃げ癖」に発展してしまいます。**仕事を頼まれたら断らない、嫌でも踏ん張って逃れない強い気持ちを持ちましょう。

RULE 23

自分の仕事は後回し

子どものトラブルや保護者対応への相談、施設や設備についての要望など、管理職には、職員からの相談や様々な要請がやってくる。自分の仕事のペースを乱されるからと、ぞんざいな対応をしたり後回しにしたりするのは避けるべきである。職員あっての管理職ということを忘れてはならない。

▼職員を優先するのが管理職

管理職には、職員からの報告や相談が舞い込んでくることが日常茶飯事です。手元の仕事を早く片づけてしまいたいからと、「また後で」という気持ちは分かります。しかし、他の仕事とは異なり、職員からの報告や相談には、「時機」というものがあります。その時の感情や状況でなくては、相談に乗ったり助言や指導をしたりしても意味がないことが多々あります。やりかけの仕事を中断して、真摯に話を聞かなくてはなりません。後で聞こうと思っていても、その時には問題が解決していて、聞いても無駄ということもあります。職員への助言や指導は、管理職の重要な仕事の一つです。「後回し」が続くと、「あの管理職に相談しても仕方がない」「結局、何の対応もしてくれない」となってしまいます。

職員からの頼まれごとや相談は何をおいても先に対応し、自分の仕事は後回しにします。

▼誠実な対応が評価を上げる

仕事の手を止めて相手に向き合い、目を見て会話するのと、相手の話に対して気もそぞろで、他の仕事をしながら会話するのとでは、相手にどのように思われるのか大きく分かれます。管理職が他の仕事をしながら職員の話を聞くような態度をとると、「偉そうに、私をばかにしているの？」と、不信感を与えてしまいます。反対に、仕事の手を止めて真剣に向き合えば、「忙しいのにありがたい」と、感じてくれるでしょう。**管理職という立場だからこそ、相手に向き合う姿勢一つで、正反対の評価になる**ということです。少しでも、相手に対して不遜な態度をとると、「威張っている」「見下している」と、思われてしまいます。

▼「人として」が問われる

教頭職にある者が、学校長に仕事を頼まれて、「後にして下さい」と言えるでしょうか。そう考えると、職員からの相談や要望への対応を後回しにすることができるというのは、相手の年齢や立場によって、対応にあからさまに差をつけることができるということです。そうでなければ、相手が目下だと思って、甘えているのです。いずれにしても、相手によって対応を変える姿は、気持ちの良いものではなく、管理職としてだけでなく、人としてほめられることではありません。**そのような姿勢を、職員はしっかり観察して評価している**ことを忘れてはなりません。

RULE 24

「飲み会は仕事」と心得よ

管理職であるにもかかわらず、宴会の席で、一般教員と同じスタンスで酔いに任せて過激な言動をしたり他人の批判をしたりすると、仕事に悪影響を及ぼす危険がある。また、管理職の資質を疑われかねない。管理職にとっては、「飲み会も仕事」と心得なくてはならない。

▼本心をさらけ出さない

管理職とて人間です。気の合う職員もいれば、そりの合わない人もいるでしょう。時には職員の言動に気分を害されたり、教師としての子どもの指導に疑問を抱いたりすることもあります。宴会の席では、お酒の力で気持ちが大きくなり、日頃から鬱積している不満を爆発させてしまう危険があります。職員への不平不満を口にしたり、威圧的な口調で説教したりする人もいます。あってはならないことですが、セクハラやパワハラまがいの言動をする管理職の話も耳にします。

酒の席で、特定の教員を批判したり指導したりする行為や、セクハラやパワハラまがいの行為は、**「本心」をさらけ出すことになり、学校運営が行いづらくなってしまいます。**地域やＰＴＡとの懇親会はもちろんのこと、同じ職場の懇親会でも、管理職という立場で参加する以上、言動には十分注意を払わなくてはなりません。

▼酒の席ならではの交流を

一方で、日頃は互いに遠慮があって話せないようなことでも、気持ちがほぐれて距離を近づけることができるのが、お酒の良いところでもあります。教育について語り合ったり、子どもの指導について職員の本心を聞いたり、職員室だけではできない交流をすることもできます。**酒の席でこそ、「この管理職は教育者だ」「楽しく明るい人だ」と、職員に理解してもらう**ことが大切です。酒宴を仕事と考えれば、酒の席の良いところを生かしながら、節度を保ってお酒を飲むことができるはずです。自分の体調とよく相談しながら、酒量を決めましょう。

▼「酒のせい」にはできないのが管理職

お酒を飲んで何らかの不法行為を犯したとして、「酒のせい」にすることはできません。酒の席で、暴言を吐いたり職員を批判したり、周囲の人を不快にするような行為をしてしまえば、後々まで「あの人は管理職のくせに」と、信頼を失うことになりかねません。一般の教員でさえ、**教師としての品格が求められる時代**です。学校をリードする管理職は、なおのこと、教師として、人としての品格が求められます。飲酒して車両を運転したり、わいせつ行為を働いたりして問題になる教員の話は後を絶ちません。もし、管理職の立場でそのような行為を行えば、どういうことが起こるか言うまでもありません。

RULE 25

注目度の大きさを自覚せよ

管理職は、周囲から注目される存在である。世間からの注目度はもちろんのこと、職場内でも、常に注目され観察されていると心得て、言動には気を配らなければならない。

▼管理職の対応で学校の評価が決まる

児童生徒の活動がマスコミで取り上げられたり、職員の不祥事が起こったりすると、管理職の名前が公表されたり管理職が説明したりすることになります。身近には、**地域や業者に対応する管理職の評価が、そのまま学校の評価につながる**と言っても過言ではありません。広告塔の役割を担っているとも言えます。一般の教員とは異なり、対外的に見れば、管理職は学校を背負っていると自覚しなくてはなりません。

管理職がどのような行動をし、どのような言葉を発したのか、学校や地域の行事などの場では、多くの人が注目しています。周囲を気にして行動せよというわけではありませんが、地域や保護者は、管理職の一挙手一投足まで注目している存在であると意識しておきましょう。

▼教員は管理職を観察している

一般の教員にとって、管理職は、「自分を評価・指導する人」であると同時に、「評価対象」でもあります。**職員は、「自分を評価するに値する管理職か」「組織のリーダーとしてふ**

さわしい管理職か」ということを、シビアに観察しています。たとえば、子どもを指導する力量のない管理職から、授業や生徒指導について評価されたり指導されたりしても、職員からすると、「おまえが言うな」という評価になってしまいます。仕事に厳しく、責任感を持って教員を指導する管理職に対しては、「あの管理職から言われたら仕方ない」と、職員は思うでしょう。管理職は、常に職員から注目され観察され評価される存在だということを忘れてはいけません。

▼率先して行動する

自分を鍛え磨く努力をしないのに、職員にそれらを求めるような管理職が、信頼し尊敬されることはありません。大げさな自慢話を聞かせたり、命令口調で威圧的に指示したりする、言葉だけは立派でも、大切な場面で責任逃れをする、自分はイスに座っていて作業は職員に任せきり、何かあると不機嫌になり威圧する……。そのような姿こそ、職員はしっかり注目しています。職員との信頼関係を築くためにも、注目されていることを自覚して、「もし、自分が職員なら、こんな管理職は嫌だ」という言動をすることのないように、心がける必要があります。

RULE 26

教育論は部下に譲れ

管理職は、その長年の実践と経験から、自分の信念に基づいた教育論を持っている。しかし、部下の職員に持論を述べるのは避けるべきである。管理職の教育論は、部下にとって押し付け、強制と捉えられかねない。

▼押し付け、自慢が評価を下げる

少し前まで、子どもの前に立ち直接指導をしていた管理職によくありがちなのが、「自身の教育実践や教育論を部下の教員に話して聞かせる」行為です。教員への指導や助言ということになりますが、職員から「教えて下さい」「どうすればいいでしょう」と相談を受けない限りは、**自分から進んで実践経験や教育論を披露することは、自慢以外のなにものでもありません。**周囲の職員からすると、いくら相手が管理職だったとしても、人の自慢話を聞かされて、気分のいい人はいません。聞く人は、表向きは感心している素振りでも、内心は辟易としているものです。

▼見方によってはパワハラ

こちらが考えている以上に、職員は、管理職からの評価を意識しています。管理職に話しかけられれば、気を引き締めて耳を傾けます。指示に対しては、たとえ不満を抱いていても、あからさまに不満を表す教員はめったにいません。そのような関係にある管理職から、授業論や指導論などを聞かされれば、それほど感動しなくても、あからさまに無関心な態度をとることはできません。心の中では、「この忙しい時に……」と、迷惑に思っているかもしれません。あからさまに拒絶する態度をとれば、管理職の気分を損ねてしまい、後に不利益を被る可能性があるからと、我慢して話に聞き入るふりをしているのかもしれません。そう考えれば、教育論や実践経験を部下に聞かせることは、パワーハラスメントになる場合もあり得ます。**「上司の指導や助言に頷かない部下はいない」**と考えて、日頃から、求められない限り、教育論や実践経験を語ることは避けるべきです。

▼「求められる」管理職を目指す

部下の職員から、「この人は実力者だ」と認められていない管理職ほど、実践経験や持論を自慢する傾向があります。しかし、教諭時代の実践が豊富で子どもへの指導に自信のある管理職は、偉ぶることも自慢することもなく、淡々と自分の仕事に取り組んでいます。その誠実で謙虚な姿勢が、周囲の信頼を得ることになり、自ずと相談されたり指導を求められたりするようになります。日頃から、**部下の教員の教育実践や指導論などに耳を傾け、職員の良さをしっかり評価する**ことを心がけることで、職員から相談され指導を求められる管理職を目指しましょう。

RULE 27

裏方役に徹する覚悟を持て

管理職の役割は、演劇にたとえるなら、「裏方」の仕事が主である。特に教頭は、スポットライトは浴びないが、欠けてはならない仕事を担っている。職員を支え学校を支える重要な仕事を担っていることに、やりがいを持つべきである。

▼管理職の役割を理解する

実際に子どもの前に立って指導するのは職員です。職員それぞれが、子どもとの信頼関係を築き、自信を持って指導するためには、管理職のフォローや指導が欠かせません。直接子どもと関わる教員は、演劇でたとえるならスポットライトを浴びる役者で、**管理職は、役者が活躍する環境を整える裏方です。**教員が、意欲を持って子どもを指導できるように、働きやすい環境を整えることで、教育効果を上げることができます。

管理職になった人の多くは、長年、授業や生徒指導に携わってきた人です。その自負から、若い教員に対して、物足りなさを感じたり、もどかしく思ったりすることでしょう。しかし、実際に子どもと関わる教員が、自信を持って意欲的に子どもを指導することができなくては、教育効果は上がりません。「自分がやった方がうまくいく」という考え方から脱却し、どうすれば、職員の力量を高め、働きやすい環境を整えることができるのかを考えることに、意識をスライドさせましょう。

▼「裏方」にやりがいを持つ

管理職として大切なことは、子どもを指導する職員の授業力や指導力を高め、子どもに関わることに自信を持たせ、教師という仕事にやりがいを感じさせることです。

そのためには、職員の話によく耳を傾け、時には優しく寄り添い、時には励まして、職員との関係を築きながら、その時々の状況に応じた支援を適切に行うことです。職員に教師としての力量の向上を感じさせることが重要で、決して、管理職である自分の指導の賜物と思ってはいけません。教室で、格闘しながら直接子どもを育てているのは職員であり、その職員を支援するのが管理職の役割です。**「うまくいったのは、職員の力」「うまくいかないのは、管理職である自分の力不足」**と考え、職員が脚光を浴びることを管理職という職務のやりがいにしていきましょう。

RULE 28

部下との距離を見誤るな

職員にとって、管理職は少し距離のある存在である。職員が様々な会話をしていても、その輪の中に入ることもなく仕事をする場合が多々ある。孤独を感じることもあるが、管理職とはそういう立場にあると理解して、職員との距離をほどほどに保つ必要がある。

▼管理職は孤独だと理解する

職員からすると、管理職は自分たちを指導し評価する立場の人です。そう考えると、職員との関係を円満に保つことは大切ですが、同僚のように接することは不可能です。時には、職員に疎まれてでも、決断を下したり指導したりしなくてはならない立場にあります。そのような立場にある管理職が、仕事や趣味の話題で盛り上がっている職員の輪の中に無理に入ろうとすると、迷惑に感じる職員もいます。

特に、学校経営の責任を負う校長は、最終決定を下さなければならない立場にあります。その校長を補佐する教頭も、時には職員の意に反する言動をとらざるを得ないこともあります。**「管理職は孤独」ということを肝に銘じて**おけば、職員との距離を必要以上に近くする必要はないと、気を楽に持つことができます。

▼職員は管理職と距離を置いている

管理職と職員の距離感は、職員室の配置からも理解できます。管理職の机が職員室の上座に置かれ、職員の机が学年ごとの小グループで配置されています。これは、管理職と職員との間には、一般企業と同じく**上司と部下という垣根が存在する**ことを意味します。職員と円滑な関係を結ぶことは大切ですが、上司と部下の区別は、しっかり意識しておかなくてはなりません。ところが、職員の会話の中にむやみに割り込む管理職が多くいます。管理職が会話に入ることで、同僚との忌憚ない意見の交流が妨げられ、話題が管理職中心に移ってしまいます。管理職が考えている以上に、職員は、管理職を特別な位置づけで見ていると考えておきましょう。

▼管理者の自覚を

管理職は、職員を指導する立場にあります。ですから、職員との距離を縮めようと、無理に輪の中に入ろうとすれば、こちらの意図に反して、「些細なことにまで口を出してくる管理職」などとレッテルを貼られる恐れもあります。管理職と職員の意識は異なるということを心得ておきましょう。管理職は、職員から意見を求められた時や、職員の考えがまとまらない時に、方向性を示して集団を牽引していく立場にあります。**「いざという時」に頼りにされる存在が管理職**です。無理をして職員の輪の中に入り、細々したことに口を出すのではなく、いざという時に責任を果たすことを意識しておきましょう。

RULE 29

「目立ちたい」と出しゃばるな

特に教頭職は、保護者や地域、子どもの前に立つ機会が少なく、一見目立たない存在に感じられる。目立たない存在である自分の立場が、屈辱的に感じられることもあるだろう。しかし、職員を支えるのが管理職であることを肝に銘じなくてはならない。

▼自己アピールは、「押し付けがましい」

誰でも、仕事の場で脚光を浴び、仕事を周囲に認められることに対して嫌な気はしません。管理職になっても、それは同じことで、日頃から目立たない裏方的な仕事をしているからこそ、「表立って認められたい」「周囲から称賛や感謝の言葉をもらいたい」と思う気持ちも理解できないではありません。しかし、周囲からの称賛や感謝がほしいからといって、「皆の知らないところで、こんな仕事をしている」「これは、私がやったのだ」「私がいるから、皆の仕事が円滑に進むのだ」というようなことを、自分でアピールすることは、職員からすると、押し付けがましい態度以外のなにものでもありません。客観的に見ても、ほめられる態度ではありません。管理職、特に教頭職は、目立たないところで仕事をするのが当たり前で、**自己アピールは、自分の評価を下げる**と心得ておきましょう。

▼職員の活躍を喜ぶ姿勢を

自分の活躍や成功を誇りに感じ、うれしく思うのは、当たり前で自然なことです。しかし、他人の活躍や成功を喜ぶことができる人は、そう多くはいません。相手が自分と対等な立場であれば、妬みの感情を抱く人は少なくないでしょう。たとえ相手が部下の職員であっても、周囲から称賛されたり感謝されたりする姿を、面白く思わない管理職も少なからずいます。他人の活躍や成功を認め喜ぶどころか、妬むような品性に欠ける人に、管理職の資格はありません。**部下の活躍や成功に対して、「よくやった」「素晴らしい」と称賛し喜ぶことで、管理職としての器の大きさを職員に示すことができます。**自身が称賛される管理職ではなく、職員を称賛することのできる管理職を目指しましょう。

▼職員が浮かばれる支援を

自分の指導や助言、裏方的な仕事によって、行事のスムーズな運営ができたり、職員が成功したりすることは、管理職冥利に尽きるといえるでしょう。たとえ自分に対して直接、称賛の言葉がなくても、周囲の職員は、管理職であるあなたの働きに感謝しているはずです。さらに、管理職として、懐の深いところを見せるために、周囲に対して、「あの先生はよく頑張った」「こんな努力をしていた」などと、**当人のいないところで、称賛や感謝を周囲に伝える**ようにしましょう。本人が感謝するのはもちろん、周囲からの信頼が厚くなること間違いなしです。

RULE 30

同期と仕事を張り合うな

同期の者は、ライバルとして互いに意識し合う存在である。互いに高め合うことは必要だが、あからさまに張り合う態度を見せると、冷ややかな目で見られ孤立してしまう。

▼自慢話をするな

対外的な仕事や事務的な仕事、職員の指導など、管理職にしか理解できない仕事がたくさんあります。同じ管理職同士で連絡をとって、互いに補い合いながら助け合って仕事を進めている人は少なくありません。同じ管理職同士、誰とでも連携をとって互いに助け合うべきですが、質問や相談をしやすい人とそうでない人がいます。

できれば会話したくない、相談なんてとんでもないという人は、口を開けば、自慢ばかりする人です。「自分は、仕事が早くて正確」だと言わんばかりに、仕事の話を持ち出しては自慢ばかり聞かされることになります。そのような人の周りには、誰も近寄りたがらなくなります。会議や研修会の場で、勝手に話題を持ちかけて、持ち合わせている知識をひけらかし、「そんなことも知らないの？　俺は以前から知っているよ」と自慢げに見下すような態度をする人もいます。**自慢をする人は、人を見下す人と見られ、周囲から冷ややかな目で見られ孤立してしまう**ことを忘れてはいけません。

▼誤りの指摘は慎重な態度で

以前、勤務している市の全小学校に、研究会の案内文をメール配信した時のことです。文章の中に誤りがあったようで、同期の管理職から、誤りを指摘する電話がかかってきたことがありました。間違いの指摘はありがたいことなのですが、指摘の仕方が、いかにも、「鬼の首を取った」ような言い回しだったため、内心腹が立ったことを覚えています。間違いを指摘するのは悪いことではありません。しかし、本当に相手のことを思っての指摘であれば、言葉遣いや態度にも表れるはずです。同期だから、同じ立場にある者だからといって、相手の気持ちを慮ることができなくて、部下の職員に対する配慮ができるはずはありません。

▼張り合う態度は能力のなさの表れ

自慢話や相手と張り合うことで、自分の優位性を誇示しようとする人に限って、周囲からは、「できない人」と思われてしまいます。自慢することで、相手や周囲からどう思われているのか、知らないのは当の本人だけで、「また始まった」「その程度のことは、自慢するほどではない」と、心の中では冷笑されていることに気づきません。**自慢や張り合いは、能力のなさを暴露している**ものと覚えておきましょう。

ベテラン教師と会話しよう

若い教師には、頻繁に指導もし話しかけもする一方、ベテラン教師とは会話が少ない管理職が多いと耳にします。ベテラン教師は、指導や助言をあまり必要としないこともありますし、指導したくても指導しづらいものです。それで、徐々に距離が離れていき、日常的な会話も少なくなってしまいがちになります。教師という職業は、経験を重ねるにつれて、他の人から助言や指導を受けることが少なくなっていきます。そして、他の教師から称賛されることも少ないのが教師の世界です。年齢や経験を重ねているからといっても、他の教師から称賛されたり、指導を請われたりすることは、めったにありません。

しかし、教師も人ですから、周囲から認められたい、自尊心を満たしたいという気持ちは持っています。周囲から認められる機会が少なく、助言や指導を受けることも減っていくことで、若手の指導に対する不満ばかり口にし、自分の指導の自慢話をすることで自己満足するベテラン教師が育ってしまうのです。若手教師が、安心して子どもを指導する力量を高めることのできる職場環境にするために、ベテラン教師の力は必要不可欠です。

人間は、自分が満たされていなければ、人を認め、ほめることはできません。実はベテラン教師の方が、管理職からの言葉がけを待っています。ベテラン教師と会話することは、大切な学校運営の要になると考え、臆せずに自ら話しかけるように心がけましょう。

RULE 31

食事に誘われる管理職を目指せ

一般的には、本音で話せない、緊張するという理由で、管理職は、職員から、食事や飲み会をともにすることを敬遠されがちである。日頃から相談に乗り、いざという時に頼られる存在になるために、気軽に食事に誘われる管理職を目指したい。

▼偉ぶらない

管理職の中には、偉ぶった態度をとる人もいます。しかし、管理職になったからといって、特段素晴らしい人格になったわけでもなく、周囲からの信頼が厚くなったわけでもありません。分からないこともあれば、失敗もします。自分の不足を自覚するからこそ、困っている人の気持ちを理解することも、努力している人の苦労に寄り添うこともできます。知らないことや分からないことを素直に認め、弱い自分を素直に表す。時には、人間らしさを、部下の前で見せることも必要です。

「できる管理職と思われたい」「リーダーであることを誇示したい」と、偉ぶる態度をとってはいけません。**人間らしい自分で接することで、気軽に声をかけられ助言を求められる管理職を目指しましょう。**

▼穏やかな振る舞い

気持ちが落ち込むようなトラブルを抱えていたとしても、それを表情や態度に表さないように心がけましょう。もしも難しい顔をしていると、近づきがたい雰囲気が漂ってしまい、職員が話しかけたくても相談もできなくなってしまいます。そうなると、どんどん孤独感が増してしまい、心の負担が大きくなってしまいます。たとえ大きな課題を抱えていても、いつもと変わらず穏やかに職員に接し、丁寧に対応することで、親近感を持ってもらうことができます。部下の**職員の前では、常に穏やかに振る舞うことが、職員との垣根を低くすることにつながります。**

▼聞くこと九割

日頃の職員との会話では、「聞き役」に徹するように心がけましょう。管理職の言葉は、取りようによっては、「指示・指導」になってしまいます。こちらから発する言葉が多いと、「あの管理職は、いつも注文ばかりつける」と、敬遠されてしまいます。反対に、「聞き役」に徹することで、職員が考えていることが分かり、職員の気持ちを晴らす効果も期待できます。**聞いてもらう相手が管理職だからこそ、聞き役に徹する意味がある**のです。「人は、自分の言葉を聞いてほしいから会話する」ことを忘れず、「聞くこと九割」で職員と接しましょう。心地良く会話することのできる管理職になれば、自然に食事会や飲み会の誘いがくるようになります。

RULE 32

教師であることを忘れるな

学校経営や学校運営において、大本になるのは「子どものため」に何が大切か、何ができるかということである。そのためにも、管理職とはいえ自身が教師であることを忘れてはならない。

▼教師の視点で考える

研究や学習活動などを考える時、「子どもの成長にとって、何が重要か」を中心に考えることは言うまでもありません。ところが、管理職になると、教育委員会や外部団体などへの配慮から、子どもにとって、あまり意味のない行事や作品募集に参加することがよくあります。現在の学校現場は、新学習指導要領の実施や働き方改革などで、時間的にも人的にも余裕はありません。管理職という立場にあって、地域や教育委員会、外部団体の評価など気になることも出てきますが、あくまでも**「子どもにとって必要で重要なこと」を中心に物事を考える**「教師目線」を忘れてはいけません。

▼説得力のある言葉を

職員に対して指導や助言をする時、一辺倒の正論を振りかざし、半ば威圧的に自分の思いを押し切る管理職がいます。私も、そのような管理職の下で働いた経験がありますが、指導や助言を受けた後に残るのは、「威圧的で自分本位な管理職」という、反抗心だけでした。管理職の立場でしか物事を考えることができない人は、職員に理解されることはなく、結果、権限を振りかざして威圧的に言い分を通そうとするように思われるだけです。職員に納得してもらうためには、**「教師としての自分」の思いを相手にぶつける**ことが必要です。学校の職員は、「管理職」としての言葉よりも、「教師」としての言葉に強く心を動かされ、説得力を感じます。特に、職員との対話では、教師としての自分を忘れずに、真摯に相手に向き合うことが重要です。

▼教師として恥じない姿勢で

管理職の立場を利用して、威圧的に自分の考えを押し通したり、煩わしいことを職員に押し付けたりするのは、子どもを教えてきた教師として恥ずべき行動です。管理職になっても、「自分は子どもを教育する教師である」ことを自覚して、自分に恥じない言動を心がける必要があります。職員はもちろんのこと、子どもや保護者、地域の人も、管理職を「教師」として見ていることを忘れてはなりません。もし、教師として許されない行為があった場合、管理職は、一般の職員以上に、「教師としてどうなの?」という目で見られてしまいます。子どもを直接指導する機会は減りますが、**管理職は、教師以上に教師らしくあることが求められます。**

RULE 33

ほめ言葉を惜しむな

とかく、教師は、人をほめることが苦手である。だからこそ、管理職のほめ言葉は、絶大な効力を発揮する。特に今の時代は、厳しい言葉よりも相手を認め受け入れる姿勢を見せることが、職員との関係を築き、職員の意欲を高めることにつながる。

▼ほめ言葉で意欲を引き出す

いつも叱られてばかりでは、職員は自分の成長を感じることができません。叱られてばかりいると、自信を失って、新しい発想を生かしたり充実感を持って伸び伸びと仕事に取り組んだりすることができなくなってしまいます。

職員の意欲を引き出すためには、**ほめ言葉を惜しまない**ことが大切です。ほめることで、職員を認める気持ちを伝えなくてはなりません。人は、認められることによって、「もっと伸びたい」「認めてくれる人に恩返しをしたい」と感じるものです。

▼職員を認めるために

ほめることが大切だとはいっても、やみくもにほめることが、相手を伸ばすことにはなりません。心からほめたいと思わなくては、ほめる意味がありません。ほめられる相手にしても、自分が納得してほめられなくては、逆に「ばかにしているのか?」「口だけか?」となってしまいます。

では、実際にどのように職員をほめればよいのか考えてみます。まず、以前の失敗から学び改善している様子を見かけたときは、ほめ言葉をかけるようにしましょう。管理職に認められたという気持ちと、自分自身の成長を感じられる機会になります。

次に、あいさつができていたり、靴を並べたり、飲み終えたコップを片付けたりと、さりげない気遣いを自然に行っているのを見つけたらほめます。無意識に行ったことをほめられると、「自分の良いところを見てくれている管理職だ」と、信頼を置くようになります。また、「自分の行動は見られている」と、教師としての自覚を意識させることになります。

管理職の前で、礼儀正しい行いをしたり、仕事をがんばったりするのは当然です。しかし、人（特に管理職）の見ていないところで、どのような行いができるかというところに、その教師の本当の価値が表れます。ですから、管理職の立場にある人は、**部下がどれくらい「縁の下の力持ち」なのかを、見極める目を持たなくてはなりません。**「机がきれいに整頓されているが、誰か直してくれたのかな？」などと聞き出したり、さりげない気遣いにめざとく反応したり、職員同士のやりとりに注目したりして、「かくれた善行」に対して、評価する言葉がけができるように心がけましょう。

RULE 34

気分次第の行動を慎め

管理職には、理性的な言動が求められる。どのようなことがあっても、冷静沈着に指示や指導を行い、穏やかに職員に接することを期待されている。日頃から、些細なことで一喜一憂することなく、感情を態度で表さないように心がけなくてはならない。

▼感情を表に出さない

毎日、怒涛のようにやってくる仕事に追われて、気持ちに余裕がなくなると、些細なことで感情を揺さぶられ、それを態度に表してしまう危険性が高くなります。事務仕事をしているところに職員からの相談や要望がやってきて、ついカチンときて、ぞんざいな言葉遣いやあからさまに迷惑そうな態度をとってしまいそうになります。

管理職とて人間ですから、些細なことで感情を揺り動かされることがあって当然です。しかし、たとえ気分を害されるようなことがあったとしても、それを態度に表してはいけません。日常的に感情を態度に表してしまうと、職員の方が気を遣い、話しかけることもはばかられるようになってしまいます。そうなると、職員との距離が遠ざかり、学校の中で起こっている様々な出来事の情報が入ってこなくなってしまいます。職員からの人望もなくしてしまい、そのことがさらに感情を逆なでするという悪循環を作ってしまいます。

日頃から、**感情のコントロールをしながら、感情を表に出さない訓練**をしましょう。

▼気分次第の行動は、威圧的に受け取られる

気分によって態度が異なる管理職は、職員にとっては「わがままで、威圧的な管理職」と受け取られてしまいます。普通に接してくれる時がある一方で、その時々によって不機嫌で威圧的な対応をとられれば、職員から怖がられるようになります。毎日、「今日は大丈夫だろうか」と、職員に気を遣わせてしまいます。「気分次第で感情的」と、批判的に捉えられてしまいます。**些細な言動でも、相手に威圧感を与えてしまうのが管理職**という立場です。教諭時代以上に、自身の言動に十分気配りをしましょう。

▼言動に一貫性を持たせる

気分に左右された言動は、客観的に見ると、一貫性のないものに映ります。「昨日は、良いと言っていたのに、今日はダメと言っている」というのでは、職員からの信頼は得られません。たとえ自分の中では一貫していると思っていても、日頃から気分次第と受け取られる態度を露わにしていると、「機嫌が悪いといつもこうなる」「放っておけばいい」と、ばかにさえされてしまいます。管理職の言動は、重いはずです。一貫した姿勢を示すことで、職員に学校経営方針を理解してもらい、自ら率先して範を示さなくてはなりません。気分次第の言動は、学校経営を危機にさらすと言って過言ではありません。

RULE 35

感情が高ぶったら一人になれ

気持ちに余裕がなくなると、職員の些細な言動にカチンときて、感情が高ぶってしまうこともある。しかし、いくら感情が高ぶっても、それを職員に見られてしまうと、後の仕事に悪影響を及ぼす。感情が高ぶって爆発しそうになったら、その場を離れて一人になるのが賢明である。

▼穏やかな姿を見せる

管理職には、一つの仕事に集中することができないほど、次から次へと新しい仕事がやってきます。部品の交換や備品修理など、雑用と思われる仕事も頼まれることがあり、思わず「私は、便利屋じゃないぞ！」と、叫びたくなります。しかし、いちいち怒りや憤りを態度や表情に出してしまっては、「感情的で余裕がない」「八つ当たりばかりされる」と、周りにいる職員から敬遠されてしまいます。高ぶった感情を露わにすることが日常的に続くと、管理職としての評価だけでなく、人として人格を疑われ、人間関係に亀裂が入る恐れもあります。「気分次第で怒る傲慢な管理職」「仕事のできない管理職」と思われないように、たとえ余裕がなくて感情が高ぶったとしても、態度に表してはいけません。**我慢できなくなったら、その場を離れて**しまいましょう。職員には、日頃から努めて穏やかに仕事をする姿を見せることが、職員の信頼を得ることになります。

▼不平不満を持たない努力を

日頃の仕事や職員の態度に対して不平不満を抱くようになると、やってくる仕事にうんざりして意欲が低下したり、職員の些細な言動にカチンときたりすることが、どんどん増えてしまいます。それが職員との関係悪化を助長して、さらに不満が高まる「負のスパイラル」に陥ってしまいます。不平不満を持つことが当たり前になると、その気持ちが無意識に態度に表れてしまいます。話しかけづらい雰囲気が漂い、職員がどんどん離れていくことで不平不満をさらに高めることになり、どんどん孤立していってしまいます。仕事や職員の言動に不平不満が高まっていると感じたら、別の事を考えたり、仕事や場所を変えたりして、気を紛らわすようにしましょう。

▼威圧的に思われないために

職員の前で高ぶった感情を露わにすると、威圧的と思われること間違いなしです。職員からは、「上から目線で、威圧的に命令する管理職」とレッテルを貼られます。そうなってしまうと、職員室の雰囲気が悪くなり、学校から活気が失われてしまいます。管理職という立場にあって、感情を露わにすることは、傲慢で威圧的と評価され、時にはパワーハラスメントの対象になってしまいます。真のリーダーを目指すためにも、**高ぶる感情と闘う努力を**しなくはなりません。

RULE 36

休息も仕事である

勤務する学校にもよるが、朝早くから夜遅くまで仕事をせざるを得ないのが管理職である。地域行事や研究会に参加するために、休日出勤も少なくはない。だからこそ、休める時はしっかり休んで英気を養い、心身の健康を保つ必要がある。

▼休養時間は意図的に作る

長い時間職場で過ごすことと、質の高い仕事ができることとは別の話です。同じ仕事であっても、短時間でやり終える人と、長い時間かけても終えることのできない人とがいます。経験や能力的な違いも考えられますが、無駄な時間の使い方をしている場合もあるでしょう。仕事で大切なのは、費やした時間の長さではなく、いかに効率的に時間を費やしたかということです。管理職の仕事は、非常に多く、内容も多岐にわたるからこそ、グッと集中して時間短縮を目指し、残りの時間を自身の趣味や休養に使うという意識を持つことが必要です。多忙な管理職だからこそ、意図的に時間を作り、しっかり休養してエネルギーを充電する時間にあてる必要があります。

▼時間にメリハリのある職場作りを

管理職という立場上、他の職員の進捗状況を無視して、自分の都合だけで出退勤時刻を決めるわけにもいかない人が大多数だと思います。だからこそ、時間を大切にして働く意識を、職場全体で高めていく必要があります。働き方改革が叫ばれる時代ですから、管理職が率先して、**効率的な働き方の工夫と余暇時間の創造を推し進めなくてはなりません。**教材研究や学級事務、校務分掌など、学校の仕事を学校で済ませるために、どのような働き方をすればよいのか、効率的な時間の使い方としてどう工夫するかなど、職員と一緒になって知恵を出し合う必要があります。それに加えて、18時以降の電話は出ない、最終退勤時刻を設定して、職員に必ず守ってもらうよう指導するなど、リーダーシップを発揮して考えながら、率先して働き方改革を推進する必要があります。管理職の休養時間を確保するためにも、職員の働き方改革の推進と実現が、重要なカギになります。

▼オンとオフを使い分ける

ダラダラとした仕事の進め方は、質も落とし時間の無駄遣いです。大切な休養時間を奪うのは、メリハリのない仕事のやり方です。休むと決めたら、仕事は忘れて思い切り自分の時間を楽しみましょう。趣味や家族に時間を使い、心身の疲れを癒すことが、良い仕事につながります。心身の健康も維持されて、充実した時間を過ごすことができます。**オンとオフの切り替えができる人は、仕事も私生活も充実した過ごし方のできる人**です。

RULE 37

業者は「広告塔」と心得よ

管理職になると、業者や地域との関わりも、教諭時代に比べて圧倒的に密になる。業者や地域など学校に来る人たちは、広いつながりを持ち、情報交換を行っている。業者は、学校の広告塔と考えて、丁重に節度ある態度で接するべきである。

▼業者には親切に

学校には、様々な業者が尋ねてきます。商売の相手として、へり下った態度で管理職に接してきます。忙しい時に、営業にやってきた業者に対して、横柄な態度で接している人を見かけることがあります。偉ぶって横柄な態度で接し、迷惑そうにされれば、いくら商売相手であっても、いい気がするはずはありません。心の中では、「教師がそんなに偉いのか。たかが、教師のくせに」と思っているかもしれません。

業者の横のつながりは強く、学校や管理職の評価は、私たちが知らないところで、行き渡っています。「あの管理職は、横柄」「あの学校とは、取引したくない」という噂は、あっという間に回ってしまいます。反対に、誠実に丁寧に対応していれば、管理職である自分自身だけでなく、勤務する学校を評価してくれ、それが周囲に広がることになります。業者との関係を良好に保つことで、どこに異動しても、助けてくれる存在になります。

▼専門知識を学ぶ姿勢で

特に、長年学校を相手に仕事をしている業者の中には、教師よりもその学校の施設や設備に精通している人もいます。配管や電気系統を把握していて、時には修理や修繕の相談に乗ってくれます。それに加えて、教育委員会への提出書類の作成のきまりをよく知っていて、予算請求や決算のやり方などの相談に乗ってくれたりもします。

教師として、子どもの指導については自信を持っていても、管理職になると、それまでとは全く異なる仕事をしなければなりません。備品や消耗品の購入や、施設設備の修理修繕など、専門的な知識を必要とする仕事を早く習得する時、学校と取引のある業者は、心強いアドバイザーになってくれます。日頃から、良好な関係を築くことが、管理職としての能力を身に付けることになります。

いつも助かっています、ありがとうございます。
この教頭先生は信頼できるな。

RULE 38

年上の人に節度ある対応を

管理職である自分よりも年上の職員への接し方に戸惑うこともあるだろう。管理職という立場で命令や指導をすることもあるが、人として、年上の人に敬意を払い、相応の節度ある対応を忘れてはならない。

▼「偉い」わけではない

管理職になったからといって、周囲から尊敬されるような人格になったわけではありません。管理職という役職と権限を得ただけで、人としての格が上がったのではないということを、忘れてはいけません。ところが、管理職の中には、自分が偉くなったと勘違いしているとしか思えない言動をとる人がいます。若い職員の名前を呼び捨てにし、威圧的な命令や叱責を繰り返します。年上の職員に対しても、上から目線で、「私が管理職。年上であっても、私の言うことに従ってもらう」とばかりの態度で接しています。

たとえ相手が若くて教師としても人としても未熟であったとしても、丁寧に礼節を保って接するのが、社会人として必要な姿勢です。ましてや、自分より年上の職員に対しては、人生の先輩として敬意を払い、相応の態度で接するのが当然です。

▼偉ぶる管理職は「できない」管理職

威圧的な言葉や態度で職員に接するのは、実は、自分の仕事に自信がなく、人間としても不足していることを感じているからです。自分に自信がないから、管理職という職権で相手に自分を認めさせようとするのです。別の言い方をすれば、管理職という立場でしか、周囲に自分を認めさせることができない人物ということです。

そう考えると、若手に限らず年上の職員にさえ礼節ある態度で接することができないというのは、仕事のできない、人間的にも魅力のない人物であることを、自ら周囲に暴露しているようなものです。管理職という立場にあっては、**「偉ぶる管理職はできない管理職」と、周囲からは見られる**ということを心しておかなくてはなりません。

▼「できる」感を醸し出す態度とは

誰に対しても丁寧に接することができ、些細なことでは感情を表に出さず穏やかに仕事をしている人は、それだけで、周囲に安心感を与えることができます。それに加えて、年上の職員に礼節を持って接することで、年上の職員との円滑な関係を築き、何かの折に相談に乗ってもらえたり、協力を得やすくなったりと、学校運営にプラス効果を発揮します。年上の職員との良好な関係は、職員室全体の連携にとって重要です。年上の人に礼節を持った態度で接することが、管理職としての職務を滞りなく遂行することにつながる場合が多々あります。

RULE 39

失敗しても落ち込んでいる暇はない

保護者や地域からの苦情に、時に心を痛めることもある。また、次々とやってくる仕事に追われ、失敗することもある。しかし、苦情や失敗にいちいち落ち込んでいる暇はない。管理職には、ある程度の鈍感力が必要である。

▼管理職は「叩かれ役」

保護者対応や地域対応をしていると、一般的には非常識な言葉や態度をとってくる人と関わる機会があります。怒鳴られたり許しがたい暴言を吐かれたりすることも少なくありません。しかし、いつまでもそのダメージを引きずっていては、他の仕事への注意が散漫になり、失敗を重ねてしまう危険があります。憂鬱な気分で過ごす時間は、無意味で無駄なものです。**憂鬱な気持ちを引きずっていても、事態は何も変わりません。**学校を代表してダメージを受けるのも管理職の仕事と考えて、あまり気にせず早く立ち直るように心がけましょう。

▼心は表情から

失敗したり、重大な事案を抱えることになったりしても、「何とかなる」と、できる限り悪い方向に考えないように努めましょう。ましてや心配な気持ちを表情や態度に表してしまうと、誰もが近づき難くなり、孤独感まで味わってしまいます。物事をマイナス方向で考えるようになると、どんどん暗く落ち込んでしまい、一人で孤独に問題を抱え込んで悩むことになります。たとえ大きな失敗をしたとしても、「必ず取り返す」「どのようにフォローするか」と、前向きに考えて、いつもと変わらず穏やかでいるように心がけましょう。そうすることで、「多少の物事には動じない人」「苦しいはずなのに、部下には丁寧に接することができる力のある管理職」と評価されます。

▼前向きに捉える努力を

クレームを言ってくる人の中には、恫喝に似た態度や脅しともとれる要求をしてくる人もいます。話し合いが始まる前や話し合いの最中には、気分が憂鬱になることもあります。しかし、話し合いや苦情を聞いた後は、笑顔が見られることも多く、クレームへの対応が、後に信頼関係を築くきっかけになる場合もよくあります。仕事に失敗はつきものです。どんなに大きな失敗をしたと思っていても、挽回しようという強い意志と、周囲の力を借りることで、大抵の失敗は取り返すことが可能です。最も良くないのは、挽回する努力もしないで、落ち込んで後悔ばかりしていることです。失敗がもとで、仕事の力量アップにつながったり、人脈が広がったりすることもよくある話です。**「失敗はチャンス」と前向きに考えて、「折れない心」を育てていきましょう。**

RULE 40

本音は家族と親友にだけ話せ

職員のメンタルヘルスや家庭状況、表に出せない公の情報など、管理職の守秘義務は、一般職員の比ではない。個々の職員に対する感情も、他の者に話すことは控えなくてはならない。本音を出すことを差し控えなくてはならないのが管理職という立場である。

▼好き嫌いを表に出さない

一般の職員とは異なり、管理職には公平公正が強く求められます。管理職とはいえ、人間ですから、気の合う職員もいれば、そうではない者もいます。しかし、個人的な感情で、気の合う職員にばかり声をかけたり、主義主張の異なる職員に対して、あからさまに敬遠したりするような態度で接するというのでは、学校運営に不都合が生じてしまいます。「教頭は、私にはとても厳しい」と、相手に敬遠されるだけならまだ良いのですが、今の時代は、パワーハラスメントとして訴えられる恐れさえあります。

全ての職員との関係を良好に保つことで、組織運営を円滑に進めることもでき、気持ち良く仕事のできる職場作りに役立ちます。管理職になったら、全ての職員とのコミュニケーションを大切にし、「嫌いな職員」「気の合わない職員」を作らないように努める必要があります。

▼人の批判をしない

管理職に関する情報は、当人が考えるよりも、広く出回るということを知っておかなくてはなりません。たとえば、管理職の立場であるにもかかわらず、人の批判を繰り返してばかりいると、「あの学校の教頭は、人の短所ばかり批判する管理職だ」というレッテルを貼られてしまいます。そうなってしまえば、勤務校での職員との関係は、良好には進められません。それだけに留まらず、「信用ならない管理職」というそのレッテルは、勤務する市区町村で知れ渡ってしまうものなのです。

▼過激な言葉を慎む

管理職という立場は、一挙手一投足を注目される存在です。感情的になって言い放った一言が、後に大問題になり、教育委員会から指導を受けるまでになったという話も耳にします。子どもや保護者はもちろんのこと、職員に対しても、穏やかで丁寧な言い回しを心がけ、たとえ気分を害されたとしても、過激な言葉を発することのないように注意しましょう。また、コミュニケーションをとるためにと、軽い気持ちで言った言葉が、セクハラやモラハラとして捉えられるケースも後を絶ちません。同じ立場の職員同士であれば問題にならないような言葉であっても、管理職から発せられれば事情が異なってしまいます。管理職の言葉には、それだけ重みがあるということを自覚しておきましょう。

column

「校長を助ける」とは

学校教育法第三十七条第七項に「教頭は、校長を助け……」と定められています。「助ける」の意味は様々でしょう。校長の学校経営方針を、職員に理解してもらい、実務が滞りなく進められるようにすることが、校長を助けることになるでしょう。そのために、時には、職員の反発を校長に代わって受けなくてはならないこともあります。明らかに校長が誤った方向に舵を取ろうとしていれば、それを諫めることも、結果として校長を助けることになります。いずれにしても、「助ける」というのは、意味が深く実行するのは相当難しいことだと思います。

私が教頭時代に、校長を助けるために最も気を遣っていたのは、「校長の自尊心を傷つけない」ということでした。職員は、どんなことでも、教頭に報告し相談してきます。組織的にも、教頭から校長という順序があるため、それが当たり前です。しかし、「何でも教頭」ということを「良し」としない校長もいます。たとえ重要なことではなくても、「校長である自分が知らなくて、部下である教頭は知っていた。部下であるにもかかわらず上司の校長に報告がなかった」と、最終的に全ての責任を負っているということを盾にして、パワハラまがいの扱いをする校長がいないとも限りません。

些細なことでも報告を怠らず、職員の相談事には、後でいいので、必ず校長の決裁をとっておくことです。ましてや、校長が傍にいる時は、話の中心は必ず校長に持っていくようにしましょう。校長を「立てる」ことを忘れては、校長の気分を害し、結果的に自分の思うような仕事ができなくなります。

RULE 41

仕事は上手に「回せ」

特に教頭職は、学校施設や設備関係、職員の校務分掌の仕事内容など、学校運営に関わることを、事細かに把握しておかなくてはならない。そのうえで、効率的に仕事が進むように、担当者に仕事を割り振ることも、重要な役割である。

▼組織を意識する

自分でやれそうだからと考えて、担当者が明確に分かっている仕事を、全てやってしまうのは考えものです。今の学校は、誰もが多忙感を持っています。自分に割り当てられた仕事を、管理職に代わりにやってもらって、喜ばない職員はいないでしょう。教員時代の確かな経験から、時間さえ許せば仕事を効率的に行うことは可能でしょう。もしかすると、担当者がやるよりも正確で完成度の高い仕事ができるかもしれません。

しかし、もし、**担当者に代わって管理職が仕事を行うことが日常的になってしまえば、担当者としての責任があやふやになり、組織として、その仕事が引き継がれなくなってしまいます。**もし、転勤することになれば、次の管理職にとっても、他の職員にとっても、大きな負担になってしまう危険性が高いです。学校は組織で動いていることを忘れてはいけません。

▼丸投げはしない

校務分掌で割り振られた仕事だからと、どのような仕事内容で、具体的にどんなことをしなくてはならないのかといった大まかな概要を知ろうともせず担当者に割り振る管理職の話をよく耳にします。いわゆる仕事の「丸投げ」は、職員の信頼を失うだけでなく、学校運営や危機管理において問題があります。

管理職は、学校にある様々な仕事を、できる限り詳細に把握しておく必要があります。そのためには、必ずどの仕事にも関わることが大切です。仕事の内容や期日、進め方について伝え、困った時は相談に乗る姿勢を示して、担当職員に仕事を任せるようにしましょう。

▼職員の力を育てる

仕事の丸投げは、多忙感だけを募らせてしまい、職員の意欲を削ぎ効率も落としてしまいます。分からないことや困ったことがあれば相談に乗りながら、割り当てられた仕事を担当者に任せることで、職員は安心して仕事に取り組むことができ、仕事に対する意欲や能力を高めることにつながります。**管理職の仕事の回し方で、職場全体の士気や効率に大きな差が出てしまう**ことを心しておくべきでしょう。職員への指導・相談体制を整えるためにも、管理職ができる限り多くの仕事に関わりながら把握することが必要です。

RULE 42

「できる」感を出すな

あからさまに「俺は仕事ができる」と言わんばかりの言動は、職員にとってさらに近寄りがたい雰囲気を感じさせることになる。能力のある人は、どれだけ隠しても「できる」と思われるものだから、管理職は「昼行燈」に見せるくらいで丁度良い。

▼仕事はひけらかさない

スクールリーダーである管理職は、どれだけ職員や学校のためになる仕事をしても、めったに周囲からほめられることはありません。そもそもリーダーとは、人をほめることは多くあっても、人からほめられることのない、ある意味孤独な立場です。周囲の職員や仲間の管理職に自分の仕事をひけらかし、「どうだ、俺は仕事ができるのだぞ」と言わんばかりの態度をとるのは、誰かから認められたりほめられたりしたいという気持ちが強いからです。自慢話を聞かされることほど迷惑なものはありません。たとえ仕事ができることが事実だったとしても、**自慢話を繰り返す行為は、周囲からばかにされ敬遠される**ことになります。

管理職は、誰からもほめられることのない孤独な立場であることを心して、決して「できる感」を出さないように努めましょう。

▼ホッとする雰囲気を

管理職には職員を癒す役割も大切です。日頃から、てきぱきと仕事を進めるのは良いのですが、その姿をあからさまに周囲に見せてしまうと、「強い人」「隙のない人」と思われることになります。それは決して悪いことではありませんが、あまりにも「できる感」が強く表れると、「ばかにされるのではないか」「能力がないと思われるのではないか」と、職員は自分の本心や弱音を見せられなくなってしまいます。

いつも「できる感」を漂わせている管理職は、自分にその意図がなくても、威圧感を与え、傍にいることさえ息苦しく感じさせてしまいかねません。

▼人間らしさを見せる

どんな人でも、弱いところを持っています。一般的には、他人に自分の弱いところを見られるのは嫌なものです。しかし、いつも強いところばかり見せていては、周囲から敬遠されてしまいます。職員室をまとめる管理職が、職員から敬遠される存在であってはなりません。時には、愚痴を言ったりつまらないギャグの一つも言ってみたりするのも大切です。「教頭先生も、辛い時があるんだ」「人間味を見せることもあるんだ」と、親近感をもって迎え入れてもらえるようになります。**仕事の上では孤独な立場だからこそ、職員との関係では孤立してはいけません。**

RULE 43

気軽に相談せよ

管理職であるからといって、何でも知っているべき、どんなこともできるべきだと思い過ぎてはいけない。特に、管理職になりたての時期は、仕事も立場も心得も、何も分からなくて当然である。分からないことや不安なことがあれば、どんどん相談するべきである。

▼人として素直に

職員や教育委員会、地域や保護者に対して、「管理職なのだから、知らないことがあってはならない」などと、必要以上に気負う必要はありません。管理職とはいっても、特になりたての時期は、分からないこともあれば、失敗もして当然です。知らないことがたくさんあって当たり前、うまくいかないことがあって当たり前です。人として素直に、分からなければ尋ね、悩みがあれば誰かに相談すればいいのです。**人間らしい部分を、部下である職員の前で見せることも必要**です。

「分からないから学ぶ」「できないから努力する」という、人として当たり前の姿勢を、周囲に伝えることも大切です。素直な気持ちで職員と接することで、信頼を集め尊敬に値する管理職に成長することができるはずです。

▼仕事の効率化のために

分からないからと、思い悩むだけでは、何の解決にもなりません。時間を浪費するばかりで、長い時間をかけても大した成果が得られないという結果になってしまいます。「管理職だから」などとおかしなプライドにとらわれず、知っている人に気軽に相談することができれば、すぐに解決する問題は少なくないはずです。管理職の仕事は、きりがないほどたくさんあります。分からないことに、いちいち時間をかけている暇はありません。**わずかでも躓きを感じたら、すぐに誰かに尋ねる習慣を身に付ける**ことで、仕事を効率的に進めることが可能になります。

▼人脈を広げる

教育委員会や業者の方に専門的な事柄を尋ねたり相談したりすることも少なくありません。「何度も電話して尋ねるのも悪いし、恥ずかしい」などと思う必要はありません。実際に、私などは、些細なことでもすぐに電話をして尋ねていますが、一度たりとも迷惑そうにされた記憶はありません。いつも丁寧に対応してくれます。そのうちに、気心も知れてきて、様々な情報を提供してくれるようにもなってきます。

このように、**気軽に相談したり尋ねたりすることが、思わぬ人脈作りにつながる**こともあります。管理職になれば、できる限り多くの人脈を作っておくことが、学校運営に非常に役立ちます。気軽な相談は、そういった意味でも効果を発揮します。

RULE 44

感謝の気持ちを表せ

学校は組織で動いている。管理職の役割は、一人ひとりの職員が、意欲的に教育に取り組む環境を作ることである。そのためには、職員の日々の仕事ぶりに感謝の心を持つことである。質の高い組織は、互いに感謝の気持ちを持って協働できる集団である。

▼「当たり前」と思わない

学校という組織で働いている以上、校務分掌や学年の仕事をするのは、職員の果たすべき義務であることに間違いはありません。子どものトラブルに、担任と生徒指導の教師が中心となって対応するのは、当然のことです。しかし、たとえ自分に割り当てられた仕事の責任を果たすことが、仕事人として当然のことだと分かっていても、周囲、特に管理職から「当たり前でしょ」と思われていると感じれば、「なんで自分だけが?」「損な役割を押し付けられた」と、意欲を失ってしまいます。

子どもへの指導に対する職員の意欲を低下させてしまうのは、様々なトラブルを生じさせることにつながります。職員が行う子どもの指導や校務分掌の仕事に対して、**「やって当たり前」と考えるのではなく、「やってくれてありがたい」と、感謝の気持ちを持つ**ことが大切です。そして、その気持ちを「ありがとう」「ご苦労様」という言葉で、ことあるごとに伝えましょう。

▼相手を認める努力を

教師の中には、人から認められたい、感謝されたいと思う気持ちの強い人が少なくありません。感謝され認められる相手が管理職であれば、相当の満足感を得ることができます。管理職が職員室をまとめ、質の高い集団作りを進めるためには、良好な関係を築くことが必要であり、そのためには、職員一人ひとりの働きに感謝の気持ちを持って接することが重要です。日々継続してコミュニケーションをとり続け、その人の良さを見つけることなくして、相手に対する感謝の気持ちが湧くことはないでしょう。

職員のことを「苦手」「嫌い」と思ってしまえば、良好な関係を築くことは不可能です。考え方が異なる職員や気の合わない職員に対しても、敬遠したりせず、努めて良いところを見つけるようにしなくてはなりません。円滑な人間関係は、毎日の地道な努力によってしか築くことはできません。

RULE 45

所在をオープンにせよ

職員から相談を受けたり助言を求められたりする機会が、一日のうちに必ず何度かある。些細なことから、急を要する重要なことまで、その内容は様々だが、管理職の所在が分からないと、職員がとても困ることになる。

常に、自分の所在を伝えておかなくてはならない。

▼所在確認の工夫を

職員は、何か分からないことがあると管理職に尋ね、施設の不備や備品の所在、消耗品の欠品など、何か困ったことがあれば、管理職に相談をします。子どものトラブルや安全に関する不安などがあれば、すぐに管理職に報告し、指示や助言を求めてきます。その都度内容は異なりますが、職員にとって、相談したい時に管理職がいないことは、不安にもなり仕事に影響するため、困ってしまいます。

特に教頭職は、毎日の些細な報告や相談を職員から受ける立場です。**職員室を離れて仕事をする時は、校内のどこにいるのか、必ず自分の所在を明らかにして**おかなくてはなりません。職員室のホワイトボードにメモ欄を作って書いておく、事務員さんや校長に所在を伝えておくなど、確実に所在が分かる工夫をしましょう。

▼校内にいないと分かるように

様々な仕事をこなさなくてはならない教頭職は、学校を離れて仕事をすることも多々あります。校内のどこにいるのか分からないのも困りますが、校外に出ているにもかかわらず、誰もそのことを知らないというのは、職員にとって非常に困ったことになります。一般的に、校外に出る場合、事務や校長に口頭で伝えておく方法が使われています。しかし、この方法では、報告を受けた事務員や校長が席を離れてしまうと、いざ職員が尋ねた時に、教頭の所在が分からないという事態になります。学校を離れる時は、口頭で伝えておくことに加えて、いつ誰が見ても分かるように、職員室の机上やホワイトボードに、「校外に出ています」と、書かれたカードを貼るなどの工夫をするようにしましょう。

▼校外でも見られている意識を

放課後や休日などの勤務時間外に街を歩いていると、声をかけられることが時々あります。教諭時代にもそのようなことはありましたが、管理職になると、あまり見覚えのない子や保護者からも声をかけられることが多くなります。声をかけてくれるのはありがたいことで、教頭や校長と知っていても声をかけてくれない子や保護者もたくさんいると推測されます。**管理職は、どこにいても、常に誰かに見られている存在であると**、心得ておかなくてはなりません。特に最近は、教師に対する世間の目は厳しくなっています。管理職には、さらに厳しい目が光っていると考えて、襟を正して行動しましょう。

RULE 46

「近寄るな」オーラを出すな

黙って座っていても、威圧感を与えるのが管理職というものである。難しい顔をしたり、話しかけづらい雰囲気を出したりすると、職員は近寄りがたくなってしまう。様々な情報を得るため、職員とのコミュニケーションをとるために、「近寄るな」オーラは絶対に出してはならない。

▼自分から遠ざけない

次々とやってくる仕事に、時間的にも心にも余裕がなくなると、知らず知らずのうちに、険しい表情になってしまうものです。険しい表情で黙々と仕事をしている姿は、それだけで近寄りがたい雰囲気を醸し出してしまいます。勇気を出して声をかけた時、鋭い視線を向けて「なにっ?」と、一言発するようなことがあれば、職員からすると全く取り付く島もないと感じてしまいます。日々忙しく仕事をしている管理職は、気を付けなくてはこのような「近寄るな」オーラを自然にまき散らしてしまいます。

管理職になれば、職員室の前方で、座っているだけでも何となく威圧感を与えてしまうと考えなくてはなりません。ただでさえそうであるのに、「私は忙しい。今話しかけるな」というオーラを出してしまうのは、自分から職員を遠ざけるに等しい行為です。

▼穏やかさが人間関係の第一歩

「近寄るな」オーラを発していると、仕事に追われて余裕のない管理職というイメージを職員に与えてしまいます。日頃から近寄りがたく、話しかけても迷惑そうにしている管理職に対して、「ちょっと相談してみようかな」と思う職員は、まずいません。たとえ時折、近しく話しかけてこられても、安心して楽しく会話することなどできないでしょう。**職員とのコミュニケーションは、様々な情報を得ることができ、人脈を広げることにもなります。**よほどのことがない限り、管理職は穏やかで余裕を見せておかなくてはなりません。どんなに忙しい時でも、職員が報告や相談にやってきたら、チャンスと捉えて、穏やかに迎え入れ受け入れる姿勢を見せることで、職員からの信頼を得ることになり、様々な情報を手に入れることにつながります。

▼「近寄るな」＝「私はできない」

「近寄るな」オーラが出ることとは、仕事で余裕がないことを、自ら周囲に伝えているようなものです。管理職がどんなに忙しくても、職員にその忙しさを理解することはできないと考えなくてはなりません。「近寄るな」オーラを感じた職員は、「管理職なんだから、忙しくて当然でしょ」「私たちの話を聞くのが管理職の仕事だろ」と、反感を抱くだけで、理解する努力さえしないのが普通です。「近寄るな」オーラを出すことは、「私は仕事ができない管理職」と、自ら宣伝することになると考えておきましょう。

RULE 47

「落としどころ」を探れ

職員と意見が対立した時は、管理職だからといって、自分の意見を押し付けてはいけない。保護者の苦情などは、場合によっては白黒はっきりつけない方が良いものさえある。双方にとってベターな決着のつけ方を探るのも大切なことである。

▼希望6割で成功

職員は、組織的には部下にあたるのですが、管理職の希望が全てトップダウン的に理解され実行されるわけではありません。そこが、一般企業と学校との違いです。管理職が「このようにしたい」と考えていても、反対する職員が少なからずいて、場合によっては、場の雰囲気が悪くなるような対立が起きてしまいます。今の時代は、あからさまに管理職に反発する職員は少なくなりました。しかし、管理職と相反する意見を持っている職員は必ずいます。たとえ管理職の思い通りにやりたいと思っても、反対意見を持つ職員を完全に無視して推し進めることは、後に遺恨を残してしまいます。また、管理職と相反する意見の中には、一理あるというものも少なくありません。**百パーセント自分の思い通りに押し通そうとするのは、独善的なやり方であり、組織を束ねる能力に欠ける**ことにもなります。相反する意見が職員から出た場合、相手の意見にも一理あると考えて、取り入れられるところは取り入れ、譲れるところは譲りながらも、大きな方向性は自分の考え通りに通していくことが、ベターでしょう。全て希望通りになることなど、めったにないと考えて、希望の6割が通れば大成功というスタンスで臨みましょう。

▼「拳」を収める方法を探る

子どものケンカがこじれて、保護者同士がもめる場合があります。一度もめてしまうと、双方が譲る機会を失い、泥沼化していくことが多々あります。学校は仲裁者的な立場に置かれます。このような場合の対応の基本は、事実確認をしっかり行ったうえで、保護者に説明することで、互いの保護者に、自分の子どもにも悪いところがあったと、認識してもらうことです。互いに、「振り上げた拳をおろすきっかけがない」のです。そのきっかけを作るのが学校で、やり方は事実をしっかり確認して伝えるしかありません。それぞれの状況によって異なりますが、ある程度の落としどころがあれば、気持ちも収まります。決して感情的にならないように、場の雰囲気を和らげる臨機応変な対応を心がけましょう。

…という事実がわかりました。
落としどころのきっかけになるといいが…。

RULE 48

相手の自尊心をくすぐれ

できるリーダーは、すべからく「人たらし」である。管理職には、職員のやる気をそそり、気持ちよく仕事に取り組むように仕向ける力も必要である。常に職員の心の動きを察知して、的確に言葉がけを行いながら、意欲と能力を高めるように導いていきたい。

▼「期待感」を伝える

初任者に教務主任がやるレベルの仕事を任せる管理職などいないはずです。仕事は、その人の能力に見合ったものしかやってきません。職員に仕事を割り振る場合、その職員の人柄や能力を見極めながら進めるのが基本です。仕事を任せる時、「少し難しいかもしれないが、先生なら大丈夫だと思う」「先生の力を伸ばすことにつながるはず」などと、一言期待の言葉を添えるようにしましょう。

もしかすると、その職員にとっては簡単な仕事である場合もあるでしょう。しかし、**管理職からの「期待の一言」は、職員のプライドをくすぐる力があります。**「私は期待されている」「私は、認められている」と、相手に感じてもらうことが必要です。それは、口先だけのことではなく、心から一人ひとりの職員の力を認め伸ばすという心がけの表れです。職員への期待の言葉は、惜しまずにどんどん伝えていきましょう。

▼機会あるごとに「一言」の習慣を

教師は、同僚から自分の実践をほめられる機会が多くありません。子どもをほめることの大切さを分かっていて、実践しようと心がけているのに、同じ教師仲間や同僚をほめることができない教師は少なくありません。だからといって、決してほめられることが嫌いというわけではありません。残念なことですが、「人はほめなくても自分はほめられたい」という教師が大勢います。ですから、**管理職がほめて自尊心を満たしてあげる必要があります。**集会でのお話や児童への指導について一言コメントを送ったり、子どもの様子を見て、指導の成果が見られることを一言伝えたりと、機会がある度に、職員に言葉をかけるようにして、自信と誇りを持ってもらうように導きましょう。

▼やり遂げた経験を積ませる

特に若い職員は、教師の仕事についてよく分かっていません。「誇りを持て」と言われても、理解できなくて当然です。若手職員が、仕事のやりがいや充実感を持てるよう、仕事ぶりをしっかり観察して評価する必要があります。「やり遂げた」「一生懸命取り組んだ」という充実感を与えられるように、**正当な評価を下す力が管理職には求められます。**若手には、仕事の充実感を味わう経験を意図的に積ませることで、教師という仕事に対する誇りと自尊感情を高めることが重要です。

RULE 49

校長を嫌いになるな

学校運営がスムーズに行われるためには、校長と教頭の連携が必要不可欠である。校長と教頭の関係が密でなければ、管理職に対する職員の不信感を招くばかりか、学校運営に重大な悪影響を及ぼす場合もある。

▼必ず校長に上げる

管理職の立場からすれば、校長と教頭との間には、圧倒的な権限の差が存在することを身に染みて感じることになります。ところが、職員からすれば、校長も教頭も同じ管理職です。「校長の方が上席」ということは明確に理解していても、権限の違いなどははなから気にかけてはいません。ですから、子どもや保護者とのトラブルなどの報告や相談は、**教頭に報告しておけば、校長に報告したことになると思っています。**わざわざ校長と教頭の二人に報告する必要はなく、どちらかに報告することで校長、教頭二人の管理職に周知されるようになっていなければ、組織として機能しているとは言えません。

職員は、教頭か校長のいずれかに報告すれば、どちらにも伝えたことになると心得ています。必ず互いの連絡を密にしておく必要があります。

職員からの報告を受ける頻度が圧倒的に高い教頭職は、職員から受けた報告を、必ず校長に上げておかなくてはなりません。もし、教頭が職員から受けた報告が校長に伝わっていなければ、「そのようなことは聞いていないよ」「もっと早く報告しなさい」と、校長からの指導が入ることも考えられます。職員からすれば、「教頭に報告したのに」「なぜ、伝わっていないの」と、不信感を与えることになります。子どもや保護者関係のトラブルでは、初期対応に不具合が生じて、事態が重篤化する恐れさえあります。最終的に責任を負うのは校長ですから、百歩譲って、校長が教頭に連絡していないことは許されたとしても、**教頭から校長への報告がないというのは、学校のためにも自分自身のためにも、あってはならないこと**です。

▼報連相が校長の信頼を得る

相手が校長だからといって、イエスマンになるのは間違っています。様々な状況を鑑みて、求められれば自分の考えを伝え、校長に助言するのが教頭の役割です。校長との関係を良好に保つために必要なことは、「報連相」を密に行うことより他にありません。付け加えて、**最終決定は必ず校長の言葉を待つ配慮が必要**です。自分から職員に対して指示する場合でも、「校長先生、よろしいですか」など、必ず校長の許可を得るようにすることで、校長のメンツをつぶさない配慮が教頭には求められます。

RULE 50

できないことは、はっきり断れ

常識的に考えて、到底受け入れることができない要求をしてくる保護者がいる。地域の方々からの要望の中にも、学校の現状を考えると、実現困難と思わざるを得ないものも存在する。相手の気分を害さないためにと、あやふやな態度をとると、大きなトラブルになる危険性がある。はっきり断ることも大切である。

▼必要以上に弱気にならない

保護者の苦情があると、学校は必要以上に保護者に気を遣い、保護者の言いなりになる傾向があります。しかし、保護者対応は、「交渉」的な側面があることを忘れてはなりません。事実をもとにして、**相手と学校が互いに納得できる落としどころを見つけていくのが保護者対応という交渉の基本**です。保護者の気分を害さないように必要以上に頭を下げ、無理な要求を受け入れる傾向が強い現在の保護者対応は、ますます学校の立場を貶め、子どもへの教育力を低下させてしまいます。「事実は事実」として受け入れてもらい、「子どものためにどうすべきか」ということを前提にして、粘り強く対応することが大切です。

▼新たなトラブルを阻止する

以前実際にあった話です。自治会長から学校の環境整備について、提案がありました。植木を学校に寄贈するという話でした。校長は何の気なしに承諾する返答をしたのですが、後になって、校庭の広さや児童の動線などを考えると、木を植える場所がないことが分かりました。その時点で、正直に事情を自治会長に話し、自分の軽はずみな返答で迷惑をかけたことを詫びれば、それで終わった話だと思います。ところが、自治会長の機嫌を損ねるのを恐れたのでしょう。校長は、断りの返答を先延ばしにしてしまい、自治会長が植木を手配する段階になって、ようやく事情を説明したのです。その結果、校長は自治会長の逆鱗に触れ、それがもとで精神を病み、休養を余儀なくされてしまいました。このように、**その場しのぎをして逃れることは、新たな火種を招き、収集のつかない事態に追いやられる**ことになると肝に銘じておきましょう。

▼一貫した対応に努める

たとえ誰かが脅すような態度で怒鳴り込んできたり、保護者であることを盾にして弱味につけこむような要求をしてきたりしても、**命にまで危険が及ぶことはありません。**そう考えれば、正しいことを正しいと伝える勇気も出るでしょう。その場しのぎで一貫性を欠く対応は、相手に付け入る隙を与えてしまいます。相手を不快にさせないように、言葉遣いや態度に細心の注意を払いながらも、自分の主張を曲げない姿勢を貫けば、事態が悪化することはまずありません。

column

とにかく体を動かす

私は、フットワークの軽さが、教頭としての資質を測るための、最大のものさしだと思っています。どんなに経験豊かで教員に対する指導力がある教頭も、職員の相談や困りごとに対して、すぐに対応し行動してくれる教頭にはかないません。

私事ですが、初任の教頭として赴任した小学校では、経験ではベテラン教頭にかなわない分、フットワークだけは誰にも負けまいとがんばりました。

電話がかかってきたら、誰よりも先に受話器を取る。業者の姿が見えたら、席を立って素早く対応する。集会や行事の会場作りを率先して行う。玄関が汚れていたら、ほうきやモップを持って出ていく。とにかく、自分がやれることは、できる限り早く行動に移していきました。そのおかげで、事務員や用務員からの信頼を得ることができ、公私に渡り何かと助けていただきました。職員からも、それなりに頼りにしてもらったと思います。

自ら率先して行動する姿勢は、職員や校長だけでなく保護者や地域にも伝わります。地域の人が花壇整備に来て下さっているのを見かけたら、すぐに冷えたお茶を持ってお礼のあいさつにいきました。ＰＴＡ役員が会議場の準備をするのが分かれば、机やイスを並べる手伝いに行きました。とにかくフットワークを軽くしたおかげで、ＰＴＡ役員や地域の方に随分かわいがっていただきました。

教頭として自信のない人こそ、フットワークを軽く行動してみましょう。

RULE 51

怒りは絶対に顔に出すな

職員にとって管理職は、ただでさえ煙たい存在である。今の時代、職員に対する言葉遣いや態度に気を配らなければ、パワーハラスメントやモラルハラスメントと捉えられる恐れさえある。たとえ怒りを感じたとしても、絶対に表情や態度に表してはならない。

▼「本物」の恐さを身にまとえ

すぐに感情的になり、上から押さえ付けるような態度で職員を威圧したり、時には怒りを露わにして、恫喝するような態度で接したりするのは、管理職として失格です。今の時代は、すぐにパワーハラスメントとして、場合によっては自分自身を窮地に追い込んでしまいます。怒りを露わにすることで、相手から尊敬されることがないのは当たり前のこととして、今の時代は相手から恐がられることもありません。冷めた目で、「勝手に怒っている」「すぐに感情的になる小者」などと、後ろ指をさされるのが関の山です。

本当に恐い管理職は、決して自分の感情を表に出しません。何を考えているか分からないけれど、的確な指示や命令を下す実力のある人のことを指します。管理職としての、本物の恐さを身にまとうためにも、怒りは絶対に顔に出さないように努めましょう。

▼相手の「うわて」を目指す

中には、無礼な言葉遣いや態度で接してくる職員もいます。目上の管理職に対して、社会人として許される態度ではないと、少し気分が悪くなりますが、あまり気にしないことが大切です。職員の無礼な言動さえも受け流すことのできる器量を目指しましょう。もし、相手にやられたのと同じように、自分が相手に失礼な態度で返したとすれば、それは、相手と同じレベルに下りることです。**管理職は、気持ちの上でも常に職員の上にいなくてはなりません。**たとえ職員があなたを怒らせるような態度をとってきたとしても、「あなたの攻撃など、まるでこたえていないよ」と、平然と受け流さなくてはなりません。相手が冷静になった時、きっとあなたに対する態度を振り返り、自ら反省するはずです。

▼腹が立つのは足りない証拠

たとえば、管理職の意向に反対して、半ば感情的な意見をぶつけてくる職員がいたとします。それに対して「命令には従え」的なやり方をして、真っ向勝負に出ると、まとまるものもまとまらなくなってしまいます。管理職が冷静になって、少しでも職員の上に立つ意識を持てば、ぶつかり合うことは避けられるはずです。「あなたの気持ちも納得できる」と、相手の気持ちに寄り添い、相手に冷静さを取り戻させることが必要です。まず、こちらの意見や立場を理解してもらえる態勢を作り出すことが大切です。**職員との対立は管理職の不徳によるもの**と、自身を振り返るようにしましょう。

RULE 52

気まずい時は自分から関われ

職員に苦言を呈したり指導したりした後は、たとえ仕事上必要なこととはいえ、気まずいものである。こちらと同様、職員も同じく気まずい思いをしているはず。早く気まずい雰囲気を払拭して、気持ち良く仕事ができるよう、管理職である自分から声をかけるべきである。

▼意識過剰は相手を委縮させる

失敗に苦言を呈したり職員を指導したりした後は、互いに気を遣って、関わりづらくなってしまいます。どうにか早く関係をもとに戻したいけれど、相手がどう考えているか慮り、どう話しかければ良いのか分からず、相手の様子が気になってしまいます。その気持ちは相手にも伝わり、互いに過剰に意識し合い、ますます気まずさが増してしまうことはよくあります。それが、同僚や友達の関係なら問題ないのでしょうが、管理職との気まずさが続くと、職員を委縮させてしまう恐れがあります。

管理職として、職員に苦言を呈したり指導したりするのは当然の職務と割り切ることで、相手を過剰に意識することもなくなります。

▼管理職と職員は対等ではない

管理職は、職員を指導する立場にあります。職員との円滑な関係を築くことは大切ですが、職員と仲間のように付き合うことなど、できるはずはありません。職員にとって、管理職は、あくまで自分たちの上司なのです。管理職から指導されることに対して、当たり前と考えている職員も多くいます。こちらは、気まずい状態を早く改善したいと思っていますが、**職員は、こちらが考えるほど、管理職との関係改善に関心を持っていない**こともしばしばです。管理職と職員の意識は異なるものと考えて、気まずい状態を必要以上に意識しないことも必要です。

▼目上からしか改善できない

目上である管理職から気さくに声をかけるほか、気まずさを改善するきっかけを作る方法はありません。職員は、管理職が感じているほど気まずく思っていない場合も多々ありますし、自分から積極的に管理職に関わることは難しい立場です。時間が経って、自然に話しかけられるようになるのを待つのも一つの方法です。しかし、苦言や指導が管理職として当然の職務であり、そのことを気に病む雰囲気が職場にできるのを防がなくてはなりません。そのためにも、指導や苦言は職務の一環であり、それが終わったら、何事もなかったように普通に戻るきっかけを管理職である自分から作る必要があります。**気まずい雰囲気は、目上の者からしか改善することはできません。**

RULE 53

部下の会話は情報の宝庫

職員の会話は、直接子どもと関わる教師でなければ得られない情報の宝庫である。職員の話を黙って聞くだけで良い。管理職になると、職員との会話が少なくなりがちになるが、職員とのコミュニケーションは大切にしなくてはならない。

▼「教師」として情報共有する

職員は、管理職との会話には少なからず緊張感を持って臨みます。ですから、職員同士の会話の中に割り込んでいくことは、頻繁には行わないようにしなくてはなりません。しかし、今は管理職という立場にある人も、少し前までは、他の職員と同じ教師でした。ですから、授業や学級経営、子どもの様子などを話題にして、職員と会話したいと願っていることでしょう。そこで、時折、子どもの様子や保護者のことなどを話題にして、職員と会話をする機会を作るようにします。管理職から子どもや保護者について話題を提供することで、職員は「管理職の先生、子ども達の様子をよく見てくれている」ということになります。管理職の立場からすると、職員の日常の教室や子どもの様子、保護者対応の悩みなどの具体

的な情報を得ることができ、職員への助言や指導、危機管理に生かすことができます。

▼職員のメンタルヘルスに生かす

特に最近の教師は多忙です。社会・保護者のニーズに応えるために仕事量が増加したことに加えて、仕事の質もより高度で困難を伴うものになっています。教師という仕事の素晴らしさを味わってもらうために、職員のメンタルヘルス対策は急務になっています。学校運営を円滑に行っていくためには、管理職と職員、職員と職員の人間関係が円滑であることが必要です。**職場の人間関係の良し悪しは、学校運営だけでなく、職員のメンタルヘルスにも大きく影響します。**学級経営の責任が担任教師にあるように、職場の働きやすい環境作りは、管理職の責任です。

管理職対職員がどのような人間関係を築き、どのような雰囲気で働いているのかを把握して、必要に応じて改善する必要があります。職員同士の会話から、職員室の雰囲気や人間関係を把握し、職員のメンタルヘルス管理のアンテナを高くして、職員のリレーションシップ（関係）を築かなくてはなりません。

RULE 54

ムードメーカーになれ

管理職は、「職員室の担任」である。教室で学級担任が子どもたちの様子に応じて、やる気を高めたり、真剣な雰囲気を作ったりするムードメーカーであるように、管理職は、職員室の雰囲気を作り、学校を明るく意欲的な雰囲気にするためのムードメーカーを目指さなくてはならない。

▼前向きな姿勢で過ごす

人は誰でも、明るく前向きな人のところに集まります。その人の傍にいると、自分までが前向きな気持ちになり、どんなことでもできる気にさせられます。管理職は、職員室のみならず、学校全体のムードメーカーなのだと意識しましょう。ですから、学校のリーダーである管理職は、職員から慕われる人物を目指すべきだと思います。人が集まるリーダー足り得る管理職になるためには、仕事ができるだけではなく、責任感や包容力に加えて、プラス思考といった**人格的な資質を磨く必要**があります。

物事を前向きに考えることは、考えているよりも難しいことですが、闘う相手が自分自身ということを考えれば、誰でも実現することができるといえます。自分の気持ちが落ち込んでいる時は、職員の気持ちも滅入っている時です。そのような時こそ、気力を振り絞って、元気に明るく振る舞い、職員室の雰囲気を変えていきましょう。

▼責任感と大らかさを

中には、職員に対して必要以上に管理的になる人がいます。些細なことで嫌味に受け取られるような発言をしたり、威圧的な言動をとったりすることで、職員を管理しようとする傾向にあります。管理職自ら、職員室のムードをマイナス方向に導いてしまうと、職員は安心して仕事に取り組むことができなくなってしまいます。子ども達のために一致団結して協力し、支え合うことのできる職員集団を作ることが管理職の役割です。責任の重さを理解したうえで、率先して意欲的で明るく元気なムード作りを行わなくてはなりません。**責任感と大らかさを兼ね備えることで学校を活性化することが可能**になります。

▼職員室の和やかさは、管理職冥利

職員同士が楽しそうに仕事をしたり会話したりしている様子を、ほほえましく思える感性を持ちましょう。職員同士が教育や趣味について楽しく会話していることは、職場の雰囲気が良い証拠です。その雰囲気を楽しみながら仕事をすることができる管理職でありたいものです。誰も職員室に戻ってこようとせず、必要以上に会話を交わさない職員室であれば大問題です。些細な話題で盛り上がることのできるムード作りをするのが管理職の努めです。楽しく会話している姿を眺めながら、自分自身の職員室のムード作りの成果を確かめるのも、管理職冥利に尽きるというものです。

RULE 55

笑いのある職員室を目指せ

たとえ児童のトラブルが多く、保護者対応に苦慮することがあっても、職員が一致団結している職場であれば、多少の困難にも打ち勝てるものである。職員同士が理解し合い支え合う職場作りを目指すことも、管理職の重要な役割である。

▼職場の人間関係が9割

地域や学校に大小の差はあっても、全国的に児童のトラブルや保護者対応に苦慮する学校が増えていることは確かです。そのような現状にあって、精神的・肉体的に追いつめられている教師の数も増加の一途をたどっています。とはいえ、**職場の人間関係が円滑であれば、多少の困難にもくじけることはありません。**管理職や同僚からのしっかりしたサポートがあり、職場の助け合い支え合う姿勢を感じられれば、どんなに大きなトラブルが起きたとしても、どうにか乗り切ることが可能になります。反対に、「自分は自分、人は人」と、互いに干渉もしない代わりに支え合いもない職場では、些細な失敗やトラブルさえも、大きな苦痛と労力を強いられ、心身を病んで休職や退職を余儀なくされる職員が出てしまいます。もし、勤務校の職員が精神を病んで職場を離れることがあれば、それは、管理職として職場の共助の体制作りや人間関係作りに問題があったと反省しなくてはなりません。

▼ホッと一息つける職員室で

職員室がホッとする場所でなくては、職員は孤立感を感じ、悩みを一人で抱え込んでしまう危険性が高くなります。「疲れたら職員室に戻って一息つきたい」「同僚と楽しい時間を持って、次に備えたい」という職員室作りをするのが、管理職の務めです。そのために、**いつも穏やかに職員室で職員を迎え入れるように**しましょう。朝、職員に出会ったら、元気にあいさつをし、笑顔で穏やかに会話をするように心がけるなどして、最低でも、職員室が嫌な場所にならないように、管理職が率先して雰囲気作りに努める必要があります。

▼全ての職員と必ず会話

一日のうちに、全ての職員と会話を交わすように心がけましょう。職員からすると、必要のない限り、自分から管理職に声をかけることは、ハードルが高いものです。他愛もない話で十分です。少し余裕のある時を見計らって、思い切ってこちらから声をかけてみましょう。ほんの一言、ぎこちない会話で十分です。言葉を交わしコミュニケーションをとることが大切です。毎日、継続することで、どの職員ともわだかまりなく会話ができるようになっていきます。管理職が率先して、コミュニケーションを大切にしていることを示すことで、職場の人間関係を円滑にしていきましょう。

RULE 56

プラスイメージで人を見よ

同じ仕事をするのでも、気の持ちようで、楽しくもなり辛くもなる。人を見る目も同じで、プラスイメージを持って接するのと、マイナスイメージで接するのとでは、仕事のやりようが異なってしまう。職員との信頼関係を深め、職員の力を引き出すためには、プラスイメージを持って接することである。

▼マイナス評価は停滞と衰退を招く

プラスイメージを持って職員と接していないと、たとえば若い教師のチャレンジ精神あふれた改革の提案に対して、「変わったことをして目立つことばかり考えている」と、せっかくの素晴らしい提案をふいにしてしまう恐れがあります。マイナスの目で職員を見るようになると、取るに足らない程度の失敗までが目につくようになってしまいます。その結果、職員を信頼できなくなり、職員との乖離が組織を停滞させ、職員のモチベーションを低下させてしまいます。学校の活気が失われ、子どもたちが荒れ始める恐れが十分考えられます。自分の良さを認めてもらえず、正当に評価してくれない管理職の下で、意欲的に仕事をすることはできません。**職員をプラスの目で見ることは、学校をプラスの方向に導くための基本**になると考えておきましょう。

▼「人」でなく「意見」で判断するために

プラスイメージで職員を見る習慣を身に付けないと、「あいつの言うことなんて聞くものか」と、意見そのものではなく意見を言った人によって、物事を判断するようになってしまいます。管理職という立場になれば、人によって物事を判断するやり方はやめなくてはなりません。たとえ日頃からカチンとくるような態度をとる職員であっても、客観的でもっともな意見を言っていることがあります。**物事を判断するためには、あくまで「意見の良し悪し」を基準に**しなくてはなりません。だからこそ、日頃から職員をプラスイメージで見ることを心がけなくてはなりません。どの人にも良いところがあると思うことができれば、「人」ではなく「意見」を決定の判断材料にすることができます。

▼苦手意識を克服する

人間誰でも好き嫌いや得手不得手があります。しかし、苦手意識を持ってしまうとそれが相手に伝わってしまうため、良好な人間関係を築くためには、相手に対して苦手意識を持たないことが大切です。「相手に対する非難を、他人に絶対言わない」ことです。一度非難し始めると、相手の悪いところばかりに目が行くようになり、どんどん関係が悪くなってしまいます。「周りの人から良く思われたい」と思わない人はこの世にいません。関わりのある全ての人の良いところを見つけ、機会があれば相手に伝えるようにしましょう。その心の持ち方が、人間関係の歯車をプラスに回す原動力になります。

RULE 57

「自分が一番…」と考えるな

仕事をしていると、「自分が一番」という考えが頭をもたげてしまう。「自分が一番できる」「自分が一番忙しい」「自分が一番考えている」……。「一番」と思い始めた瞬間、感謝の気持ちが失われ、傲慢になってしまう恐れがある。

▼「一番」意識が職員の力を削ぐ

管理職のほとんどが、長年、授業や生徒指導に携わり、「教育のプロ」という自負を持って仕事に邁進してきました。若い教師の授業や生徒指導に対して、「自分ならもっとうまく指導できる」と、「自分一番」の気持ちが湧き上がることもしばしばあります。自身の経験や指導技術が一番素晴らしいのだと。

しかし、その気持ちが、職員の力を認められないどころか、職員の指導力不足を責める姿勢に変わってしまいます。**管理職の仕事は、職員の力を引き出すこと**です。「自分が一番」という姿勢では、職員を委縮させ反発心を抱かせてしまいます。いくら管理職の指導技術が高くても、実際に子どもの前に立つ教師が、自信を持って指導することができなくては、教育効果は上がりません。「自分が一番指導力がある」という考え方から脱却しなくてはなりません。

▼「一番」オーラが危機を招く

「自分が一番忙しい」と、思いながら仕事をしてしまうと、職員の様子を観察する余裕がなくなってしまいます。「忙しいオーラ」を出していると、職員にしてみれば、「もしも、機嫌を損ねたらどうしよう」と、声をかけるのを遠慮してしまうことになります。そうなると、大切な情報が遮断されてしまい、その結果大きなトラブルに発展してしまう危険もあります。管理職には、職員のメンタルヘルスや、子どものトラブル、保護者対応など、様々な情報をキャッチして、迅速に対応する責任があります。些細な情報をつかむためにも、「一番忙しい」オーラを出さずに、穏やかに構えて職員が声をかけやすい雰囲気を作っておく必要があります。

▼「一番」意識は、無能な証拠

出会う度に、「自分が一番苦しい立場にある」「自分は一番厄介な仕事を引き受けている」などと、「自分一番」を吹聴する人に限って、周囲からの評価が低くなると考えておきましょう。中には、「この程度のことで、アップアップするなんて、仕事ができない証拠だ」と、思う職員もいます。心の中で、「頼りにならない管理職」と、ばかにされているかもしれません。**本当に仕事ができる人は、傍から見ていて大変な仕事も、何食わぬ顔でこなしてしまいます。**

RULE 58

評価は周囲が決める

管理職になると、日々の仕事をほめられることも、ねぎらいの言葉をかけてもらうことも、ほとんどない。中には、「すごいだろう」と、仕事の成果をあからさまにひけらかす人もいる。しかし、周囲は、しっかり見ている。どの仕事でも同じだが、評価は周囲が決めるのである。

▼自己評価アピールは評価を下げる

「自分は、こんなにたくさんの仕事をこなしている」「私は、これだけの実践をしてきた」などと、会話をする度にひけらかす人を時折見かけます。しかし、どれだけ実績や成果を上げていたとしても、**仕事の実績を評価するのは、自分自身ではない**ということを忘れてはいけません。百パーセントの主観に基づいてつけられた高得点の自己評価など、周囲から受け入れられるはずはありません。そのようなものを人にひけらかすことは、かえって自分の評価を下げることになります。

▼地道で誠実な仕事をする

誰の目から見ても華々しい成果を上げれば、周囲からの評価が上がるのは当然です。そのような目立つ仕事ばかりに力を入れて、周囲からの評価を得ようとする人はたくさんいます。

しかし、多くの人から信頼を得て**真の評価をされる人は、「目立たないところでも、誠実に仕事をする人」**であり、そのような人は、めったにいません。そのような人こそが、本当に管理職の資質を有する人であり、周囲から信頼を得る人なのです。

▼評価を気にしない

人間ですから、自分に対する周囲の評価は気になって当たり前です。しかし、評価ばかり気にして、評価を得たいがために、自身の考えを変えたり一貫性のない行動をとったりすると、逆に信頼を失ってしまいます。本物の評価とは、人気とりではありません。

特に、管理職は、学校経営方針に従って、学校のリーダーとして様々な決断を下していく責務を負っています。様々な意見を持っている職員全ての評価を気にしていては、冷静な判断を下すことはできません。自身の信念と良心に従って行動することで、周囲は自ずと正当な評価を下してくれるはずです。

教頭先生って、
誰も見ていないところでも
一生懸命な人だな、
勉強になるよ。

RULE 59

自分の意見を押し付けるな

職員の意見を受け入れず、高圧的に自分の考えを押し付けてばかりいては、職員の思考が停滞し、組織の活性化の機会が奪われることになる。時には、自分の考えを押し通すことも必要だが、意見交流を十分に行う必要がある。

▼押し付けは敬遠される

あるやり方で誰かが成功したからといって、自分も同じように成功できるとは限りません。管理職自身が過去にうまくいったやり方を職員に押し付けても、うまくいかないことは多々あります。その場その時の状況によって、全く異なる結果が出る可能性が高いと考えなくてはなりません。ですから、部下の職員に対して、自分のやり方を押し付けても、同じような結果は得られないと考えなくてはなりません。もし、うまくいったとしても、強引に押し付けるような指導をしたとすれば、それは、職員の力を伸ばしたことにも、職員が充実感を得ることにもなりません。やり方を押し付けた自分自身が、「どうだ、私の言う通りにやっていれば間違いないのだ」と、自己満足に浸っているだけに過ぎないのです。自分のやり方を押し付けるような指導をしていると、職員に疎ましく思われ、敬遠されるようになってしまいます。

▼押し付けは組織を停滞させる

自分の考えを強引に押し付けるということは、自分と反する意見は受け入れず、自分に賛成する意見だけを「諾」とすることです。このような姿勢は、「イエスマン」ばかり集まり、客観的で冷静な判断ができない状況を作ってしまいます。「逆らうと恐ろしいから、言いなりになっておけば良い」という職員の意識ができあがってしまい、組織が活性化の機会を失ってしまいます。組織が停滞することによって、情報交流の場が失われ、児童のトラブルや保護者の苦情・相談に的確な対応ができなくなる恐れがあります。職員の意見に耳を傾け、幅広い視点で思考できるよう、意見の押し付けは戒めましょう。

▼管理職の器量作りに努める

いくら年上の職員であっても、管理職に対しては、相応の態度で接してくれます。特に近年は、管理職の権限が強くなる傾向にあるため、管理職の指示には従わざるを得ないという雰囲気もあります。しかし、だからといって、尊大な態度で「自分の意見に従え」とばかりに、命令口調で押し付けるような態度をとれば、職員から反発され、人間関係に悪影響を及ぼします。職員を一人の人間・教師として尊重する気持ちを忘れず、相手の気持ちを慮りながら耳を傾ける姿勢が大切です。管理職として信頼されるためには、人としての礼儀を忘れず、大きな心で相手の意見を飲み込む器量が必要です。

RULE 60

部下の発想を広げよ

良い組織とは、忌憚ない意見が飛び交い、多様な発想が実効性を伴って実現される組織である。組織を作るのは管理職の役割である。児童の指導に生かすために、職員の発想が広がる雰囲気を作っていきたい。

▼些細な問題を出し合う

クラスのトラブルや保護者のクレームをはじめ、学校で起こる様々な些細な問題を職員で出し合うことのできる雰囲気を作ることで、職員間の交流が盛んに行われ、様々な意見が出し合われるようになります。職員の意見交流を活発にするために、**「学校ではトラブルが起きるのが当たり前」という意識を、職員が持てるように導きます。**そのことを、管理職が機会のあるごとに伝えていくことが必要です。そのためにも、全ての職員とのコミュニケーションを欠かさないことです。個別に話を聞いていると、必ず子どもの指導に対する悩みやトラブルへの対応などについて口にするようになります。些細なことでも出し合う雰囲気作りを進めながら、職員の本音を引き出すことが、様々な実効性のある具体策を引き出すことにつながります。

▼真摯に向き合う

些細な出来事を出し合うことができる職員室、授業や生徒指導について気軽に相談することのできる職員室、帰ってくるとホッと安心することのできる職員室……。良好で円滑な職員の関係作りを進めることが、生徒指導や授業に生きる発想を広げることになり、組織の活性化につながります。職員が互いに信頼し合い安心して過ごすことのできる職員室にするために、管理職の力が大切であることは言うまでもありません。職員同士をつなぐためには、まずは管理職と職員との信頼関係作りが大切です。信頼される管理職の下で職員相互の信頼関係が築かれます。職員の報告や相談に対しては、面倒くさいなどとは決して思わず、真摯に耳を傾け寄り添う姿勢を示しましょう。

▼意欲を高める支援を

管理職として大切なことは、職員の指導力を高め、自信を持たせ、教師という仕事にやりがいを感じさせることです。教室で、格闘しながら直接子どもを育てているのは、職員だということを忘れず、職員の意欲を高めるための支援を行いましょう。

そうすることによって、職員一人ひとりが、それぞれの立場や個性を生かした発想を生産するようになります。学校経営は、管理職だけの力で進めるものではありません。職員からの多様な発想を生かすことで、組織が活性化され、子どもの成長を第一に考える学校作りが可能になります。

column

心を鬼にして叱る

私が新任教師として勤務していた小学校の教頭は、本当に厳しい上司でした。

「授業研究は、時間をかけて徹底的にやれ！」「生徒指導には、わずかな手間も惜しむな！」「保護者や親の言い分には、トコトン付き合え！」「他の教師への気配りを、絶対に忘れるな！」「他の教師への気遣いをしっかりせよ」……。

教員住宅での住み込みだったこともあり、毎日のように夜遅くまで酒を飲みながら、教育者のプライドや教師のプロ意識を、徹底的に叩き込まれたのです。

「おまえ、教師に向いとらんわ。とっとと辞めて故郷に帰ってしまえ！」

仕事の手を抜くと、たちまち厳しい言葉が飛んできました。その姿は、まさしく鬼のよう。あまりの厳しさに、教師を辞めて他の仕事に就こうかと、何度思ったことでしょう。

しかし、私がこれまで教師人生を楽しむことができているのは、あの鬼教頭のお陰だと思っています。仕事に一切の妥協を許さず、誠実に向き合う姿勢は、私の仕事に対する揺るぎない根本になっています。

現在、私自身が管理職となり、若手を指導する立場になってみて、あの鬼教頭は、私に期待し私の成長を心から応援してくれていたのだと確信することができます。そして、彼のように、たとえその時は相手に疎まれようとも、未来ある若手のために、心を鬼にして叱ることができるような管理職になりたいと、思うようになりました。

おわりに

特に、最近まで担任として授業や学級経営を行い、子ども達を直接指導してきた人にとって、管理職の仕事は、「これは、教師がやることじゃない」「こんなことをするために教師になったんじゃない！」と、感じられるかもしれません。教頭職の日々の仕事は、確かに、単調で地道で目立たないものが多いのかもしれません。誰にほめられることもない毎日、下働きのような立場に追いやられた気がして、管理職の仕事にやりがいを見出せない時も多々あるでしょう。

しかし、どのような経緯で管理職になったのであれ、管理職になるための試験を受けたのは、他ならぬ自分自身です。一度は、管理職になることを目指し、管理職として仕事をすることに希望を抱いたことに間違いはないと思います。今さら、「この仕事は嫌だ」と不平不満を漏らすのは、周囲からすれば、負け犬の遠吠えにしか聞こえません。それに、管理職の仕事に不平不満を述べてみたところで、目の前の仕事から解放されるわけではありません。

元来、管理職は、名誉ある素晴らしい役職です。今後、様々な教育改革が推し進められていきますが、変化を求められる学校現場を牽引していくのは、私たち管理職です。全国学校現場の管理職のみなさん、もっと管理職であることに誇りを持ちましょう。そして、前向きに仕事に取り組み、管理職を存分に楽しみましょう。

最後になりましたが、小著発刊にあたり、明治図書の林知里様・粟飯原淳美様には大変お世話になりました。この場をお借りして深謝申し上げます。

令和2年2月

中嶋　郁雄

【著者紹介】

中嶋　郁雄（なかしま　いくお）

1965年，鳥取県生まれ。1989年，奈良教育大学卒業後，小学校の教壇に立つ。「子どもを伸ばすためには，叱りが欠かせない」という主張のもとに，「『叱り方』研究会」を立ち上げて活動を始める。教育関係者主催の講演会，そして専門誌での発表が主な活動だったが，噂が噂を呼び，大学や一般向けにも「心に響く叱り方」といったテーマで，セミナーを行うようになる。新聞や経済誌などにも「叱り」について意見を求められるようになる。

主な著書に『教師のためのレジリエンス』，『仕事に忙殺されないために超一流の管理職が捨てている60のこと』，『クラス集団にビシッと響く！「叱り方」の技術』，『新任３年目までに知っておきたい子どもがまとまるクラスづくり技術』，『授業も学級経営もガラッと変わる！「３分間」時間術』（以上，明治図書）など多数。

〔本文イラスト〕松田美沙子

管理職１年目に知っておきたい
できる教頭・副校長が定めている60のルール

2020年３月初版第１刷刊　©著　者　中　嶋　郁　雄
2021年１月初版第４刷刊　発行者　藤　原　光　政
発行所　明治図書出版株式会社
http://www.meijitosho.co.jp
（企画）林　知里（校正）粟飯原淳美
〒114-0023　東京都北区滝野川7-46-1
振替00160-5-151318　電話03(5907)6703
ご注文窓口　電話03(5907)6668

＊検印省略　組版所　株式会社カシヨ

Printed in Japan　ISBN978-4-18-300429-1